中央沿線の近現代史

永江雅和

目次

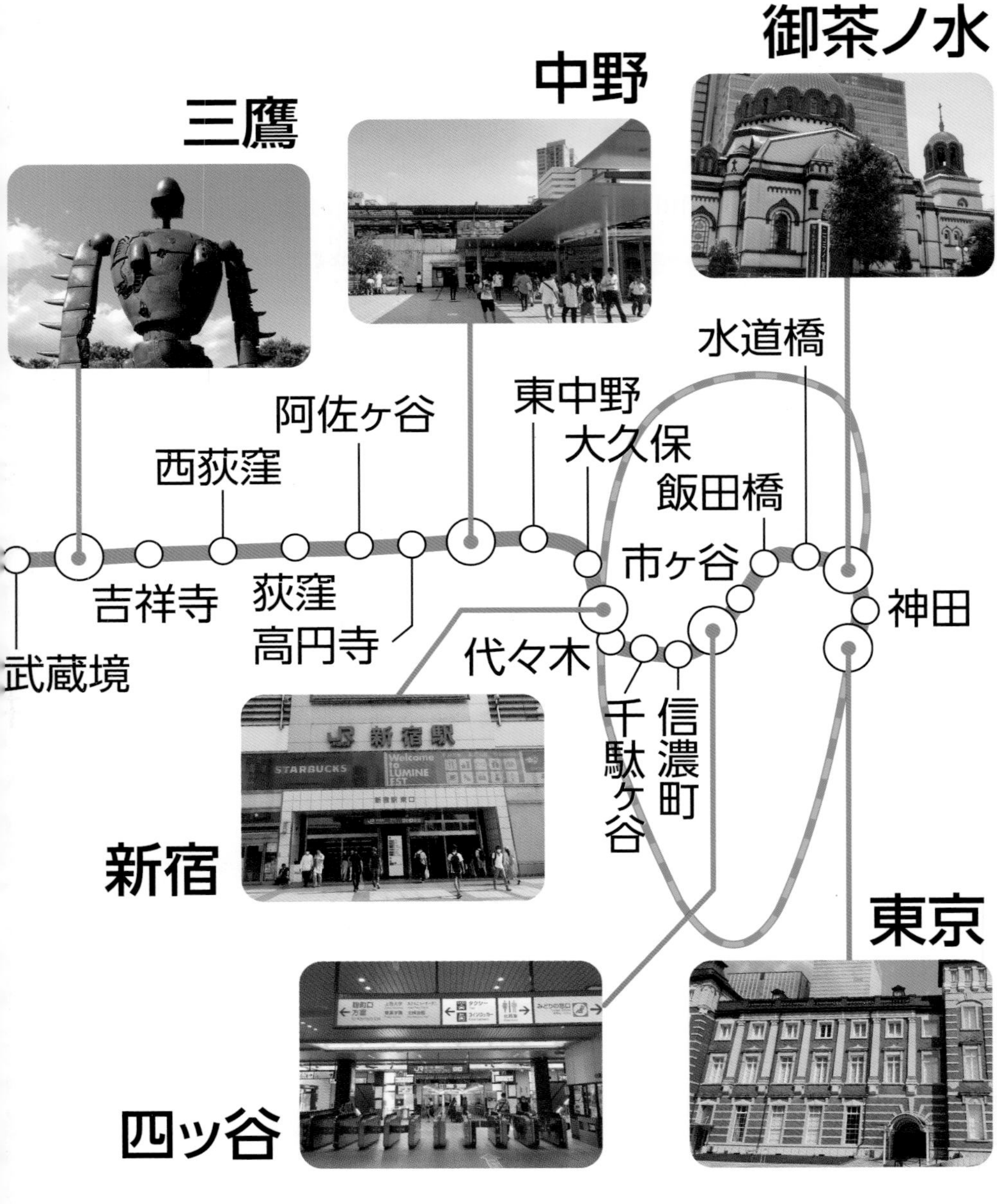
御茶ノ水
中野
三鷹
水道橋
東中野
阿佐ヶ谷
大久保
西荻窪
飯田橋
市ヶ谷
吉祥寺
荻窪
神田
高円寺
代々木
武蔵境
千駄ヶ谷
信濃町
JR 新宿駅
STARBUCKS
Welcome to LUMINE EST
新宿
東京
四ッ谷

JR中央線 路線図

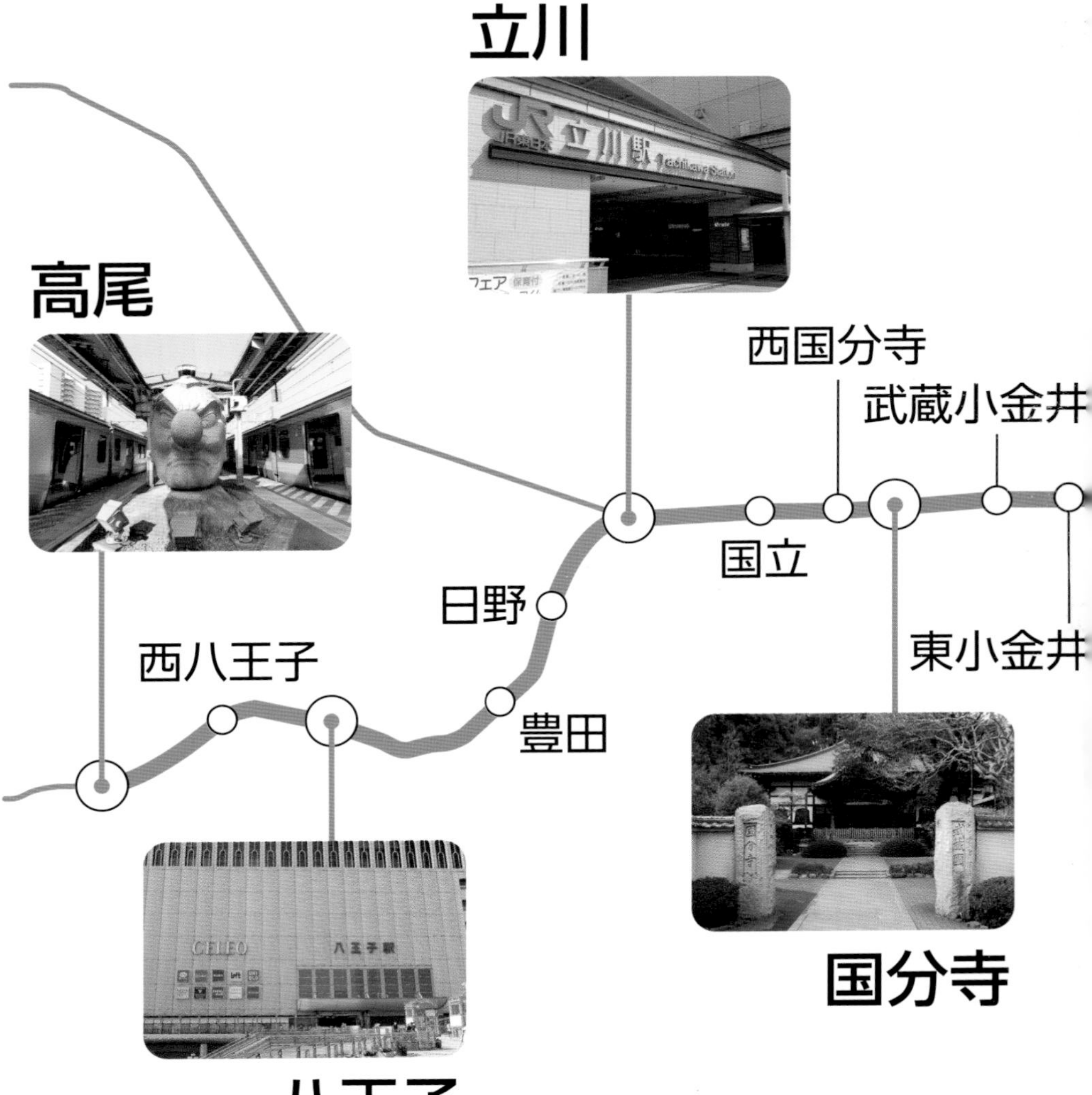

第一章　甲武鉄道からＪＲまで

――中央線沿線史へのイントロダクション

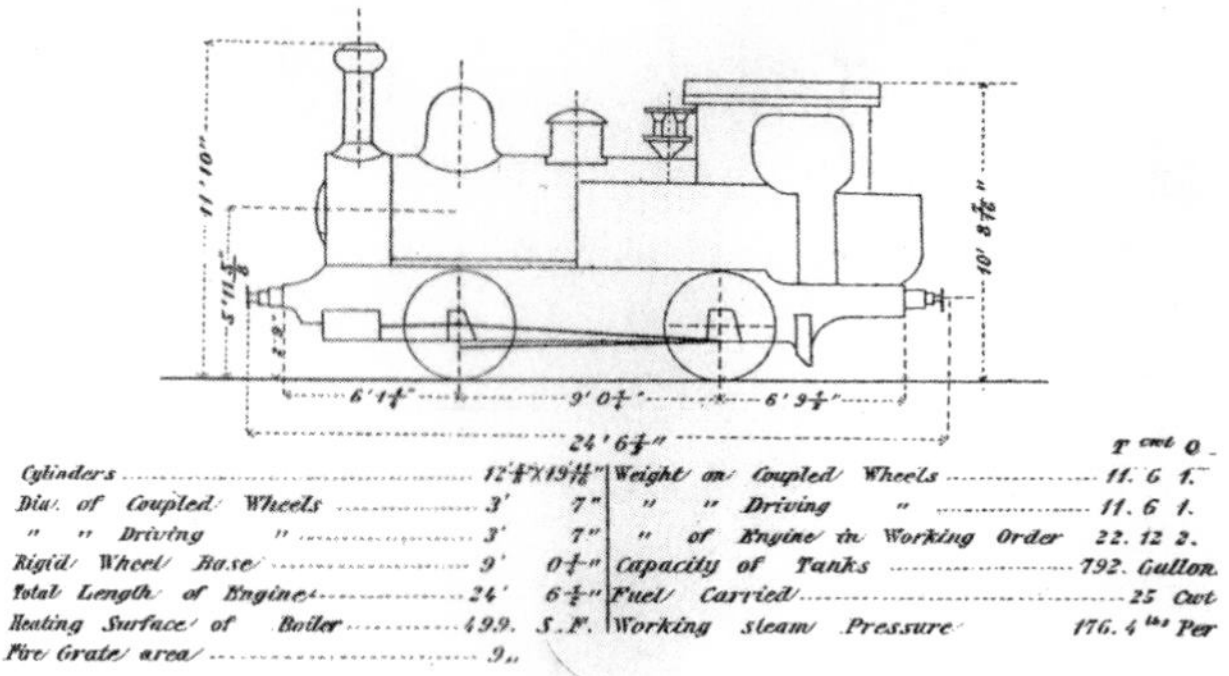

甲武鉄道蒸気機関車図面『甲武鉄道市街線紀要』より

甲武鉄道電車「甲武鉄道電車運転80周年記念切符」より

今から丁度四十年の昔、百姓弥之助が、まだ十四歳の少年の頃、東京の本郷から十三里の道を、徒歩で立ち帰ったことがある、初夏の頃であったと思うが、紺飛白の筒袖を着て、古い半靴を穿いて東京を出て来た、湯島天神の石段を上りきって、第二の故郷の東京から第一の故郷へ帰る心持、丁度、唐詩にある「却望并州是故郷」の感じで見返ったことを覚えている、それから今の高円寺荻窪辺、所謂杉並村あたりから、北多摩の小平村附近へ来ると、靴ずれがし出して来たので、その半靴を脱いで杖の先きにブラ下げて、肩にかついで歩いたが、そうすると村の子供連が弥之助の前後に群がり集って、

「あれ、靴!」「あれ、靴!」

と云って、驚異しながら、ぞろぞろついて来たものだ。今は、その辺は、もう文化住宅が軒を並べて、中央線利用のインテリ君やサラ氏が東京の中心へ毎日通勤するようになった。

中里介山『百姓弥之助の話　第一冊　植民地の巻』(1)

西多摩郡羽村（現東京都羽村市）に産まれた作家中里介山（本名弥之助）は自伝的小説『百姓弥之助の話』のなかで上記のように東京の本郷から羽村まで歩いた経験を記しています。当時一四歳であったとすると一八九九年頃のことであり、本書でとりあつかう中央線、当時は甲武鉄道と呼ばれていた鉄道は既に飯田町（現在の飯田橋駅近く）―八王子間で営業を開始していました。とはいえ決して裕福な少年時代を送ったわけではなかった弥之助少年にとって、汽車はまだまだ高額な乗り物であったかもしれません。しかしその後、弥之助少年の歩いた道筋、中央沿線は首

都圏を代表する市街地へと発展し、中央線も身近な交通手段になって行きました。本書ではこの中央線沿線発展の歴史について述べていきますが、本章ではそのイントロダクションとして、今日の路線が形成されるまでの中央線形成の歴史についてご紹介したいと思います。

中央線は私鉄だった―甲武鉄道会社の創業

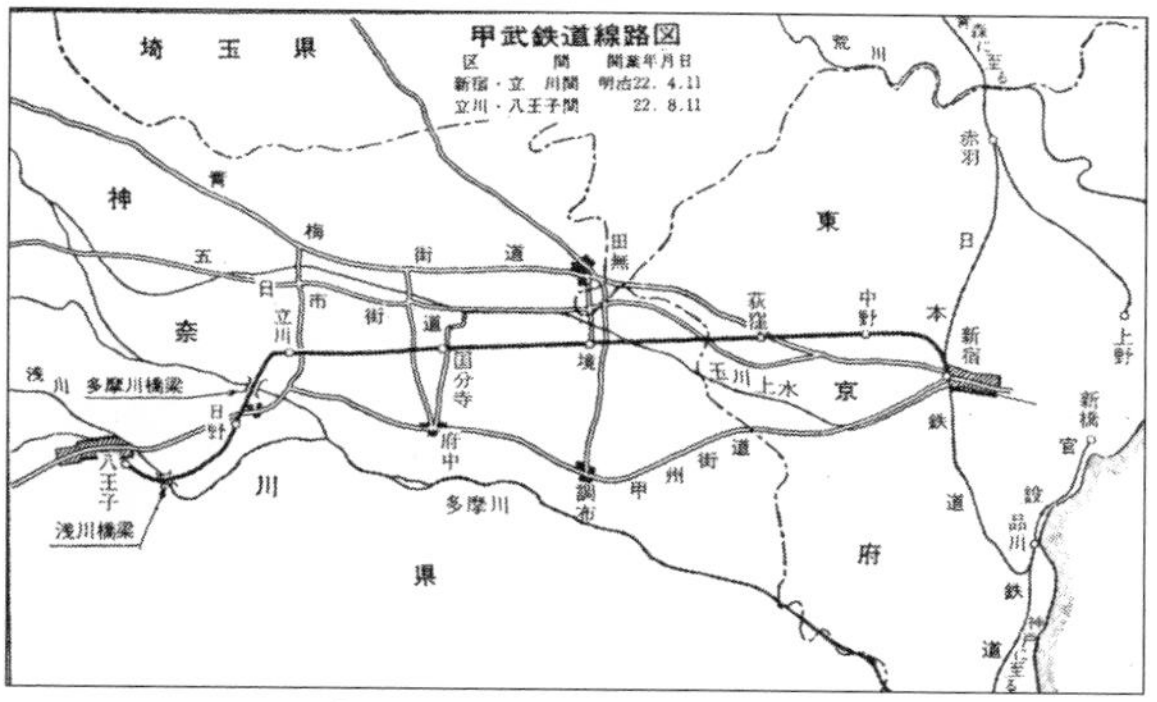

『甲武鉄道市街線紀要』より

本書において「中央線」として取り上げるのは、東日本旅客鉄道・東海旅客鉄道（JR東日本・JR東海）の中央本線（東京―名古屋間）のうち、東京―高尾間で運行されている快速電車の運行区間です。快速電車の運行区間には例外もありますが、本書では概ね一般的に「中央線」として認識されている東京―高尾間について述べることをお許し願いたいと思います。この中央線のルーツは甲武鉄道会社という民間鉄道会社でした。現在のJRも民間企業であることには違いがないのですが、出発点においてもいわゆる官鉄・国鉄ではなかったのです。

中央線のルーツとなったのは、一八八三年に東京府に請願された内藤新宿―羽村間の馬車鉄道計画でした。前述の中里介山の故郷でもある西多摩郡羽村（現羽村市）は江戸の上水であった玉川上水の始点にあたる村です。羽村では一時、玉川上水を用いた水運の経験があり、旧高遠藩の滝沢久武らによりこの堤を用いた馬車鉄道が計画されたのだと言います(2)。羽村は現在の中央線沿線ではなく、現ＪＲ青梅線沿いにある自治体であり、中央線の構想は青梅線沿いで出発したと言えるのです。この請願は許可されませんでしたが、翌一八八四年に元神奈川県知事の井関盛長、岩田作兵衛、服部九一らの有志が青梅地方の石灰石を東京に出荷するための馬車鉄道を計画しました。しかしその後、路線計画は当初計画の東京―羽村・青梅の経路から東京―八王子間に変更されることとなりました。この変更は会社設立時の出資力における岩田作兵衛らの中央の出資者と、西多摩地域の出資者の差で生じたものと説明されています(3)。当時の八王子は「武・相・甲・信州の養蚕、製糸、織物業地帯の商品流通にもとづく社会的分業の結節点」(4)となりつつあり、中央の投資家からは羽村・青梅ラインよりも高い収益が見込めると判断されたのでした。この計画を元に、新宿―羽村間を第一期工事、立川―八王子を第二期工事とし、将来はこれを甲府まで延長することを目途とした甲武馬車鉄道（資本金三〇万円）の建設が東京府・神奈川県・埼玉県の三知事に出願されたのです。この出願は一八八六年一一月に新宿―八王子間で免許されましたが、その頃には既に軌道交通の主流は汽車鉄道に移りつつあったため、甲武馬車鉄道は資本金を六〇万円に増額したうえで、同年一二月に改めて汽車鉄道の免許申請を行いました(5)。

この出願については、東京府のたばこ商岩谷松平らによる同一区間での出願（交渉によりのちに撤回）や横浜の貿易商原善三郎らによる川崎―八王子間の武蔵鉄道会社の出願などが重なり競合状態となりましたが、当時の伊藤博文内閣は閣議の結果、一八八八年三月、甲武鉄道会社に免許状を下付したのでした[6]。この決定に大きな影響力を与えたとされているのは内務大臣山縣有朋です。山縣は「鉄道ハ、必ズ先ヅ首府ヲ以テ基点トシ、而シテ他ノ各邑要区ニ連絡ヲ取ルヲ原則トセラルル」[7]と主張し、明治日本の中央市場を東京と位置付け、横浜（川崎）を外港と位置付ける観点から甲武鉄道を支持したものと言われています[8]。

甲武鉄道会社は初期の社長を日本鉄道（一八八一年設立、現在のＪＲ東北本線や山手線の一部等を建設・運営した）の社長でもあった奈良原繁、大久保利和が務めたことからもわかるように、発足時より日本鉄道との関連性の強い会社でした[9]。日本鉄道は民間会社ではありましたが、その設立は国策的性格が強く、線路の建設工事等はすべて政府によって施行されました。甲武鉄道もその点は同様であり、工事は日本鉄道会社の委託によって政府が施行したものでした[10]。そのため鉄道に要する用地買収は甲武鉄道ではなく神奈川県知事名で行われており、買収価格も畑においては地価の八倍、山林では五〇倍という高額で買収されたと言います。その結果、用地買収については地元との間に紛争が起こった形跡が八王子駅の設置場所等の少数を除き、ほとんど確認されませんでした[11]。

甲武鉄道の路線選定については、武蔵野台地の一番標高の高い武蔵野段丘上を中野から立川にかけてほぼ一直線に結ぶ、特徴的な経路が選択されました。この経路の選定を巡っては、甲州街道・青梅街道沿いの住民が反対運動を展開したため、やむなく選択されたという議論と[12]、元々旧街道沿いの計画は存在せず、住民の少ない新田地帯が用地買収上有利であり、運行速度の観点からも起伏の少ない段丘上の地形が有利であるという鉄道技術上の観点からこの路線が選ばれたという説が存在しますが[13]、本書では両説の優劣を論ずる材料を持ちません。いずれにせよ中央線の敷設により多摩地域に甲州街道・青梅街道と異なる新たな市街地が形成されたという事実のみを提示したいと思います。建設工事は一八八八年七月に着手され、翌八九年四月に新宿―立川間で運輸営業が開始、同年八月には立川―八王子間も開業しました[14]。

市街線の建設―新宿～東京間

中央線の前身である甲武鉄道は新宿―立川・八王子間で開業しました。つまり新宿―東京間については、あとから延伸されたことになります。直線的な線路で知られる新宿―立川間の中央線に比べ、新宿―東京間の中央線は大きくS字にカーブを切りながら走行します。どうしてこのような路線を辿ることになったのでしょうか。

甲武鉄道は新宿―八王子間の開業直後に、都心方面への延伸を計画します。一八八九年五月、甲武鉄道の役員であった雨宮敬次郎、岩田作兵衛の両名が、甲武線を新宿から神田三崎町までの延伸計画を内閣に出願し、同年八月に鉄道局の許可を得ました。この計画を構想した雨宮敬次郎は山梨県牛奥村（現甲州市）出身の企業家であり、いわゆる「甲州財閥」に名を連ねる人物です。

一八八八年に甲武鉄道の株式を、いわば買い占める形で筆頭株主となった雨宮は、甲武鉄道の市街線建設、そしてその後の電車運転化の推進に大きく指導力を発揮することとなりました[15]。

ところで市街線の背景にはそれ以前に大山巖陸軍卿が日本鉄道会社に対して東京砲兵工廠（現在の東京ドームの位置にありました）への鉄道接続を打診したことがあったと言われています。当初計画では新宿から富久町、本村町、市ヶ谷を経て、その後外濠沿いに神田三崎町に至る路線、今日の都営新宿線に近いルートが想定されていました[16]。しかし用地取得等で交渉が難航した結果、計画が変更され、新宿御料地（現新宿御苑）の南側を大きく迂回する今日のコースに変更されることとなったのです。このルート選出に当たっては青山練兵場（現神宮外苑）付近を通過することによる軍事上のメリットが挙げられています。東京砲兵工廠といい、市街線のルート選定には軍事的要素が多く関わっていたことがわかります[17]。しかしこのルートはトンネル四カ所、鉄橋一六カ所に加えて四谷―牛込間までの外堀の埋め立てを要する難工事となりました。トンネルの上には赤坂御所や学習院が存在し、また上水道の幹線が通っている箇所もあったため、工事は慎重に行われることになりました。こうした難工事を経て、一八九四年一〇月に新宿―牛込（現在は廃駅）間が開業したのです。牛込駅は現在の飯田橋駅付近に設置された駅ですが、その後甲武鉄道時代の市街線は旧江戸城外堀の敷地を活用して、飯田町駅（一八九五年）、御茶ノ水駅（一九〇四年）へと延伸されたのです。

私鉄である甲武鉄道による線路建設は、御茶ノ水駅までの開業でその歴史を終えることとなりました。その後の路線の延伸は官設鉄道により進められることとなります。当時東京市は市区改正計画一環で東京縦貫高架鉄道を構想していました。この計画は上野―新橋間を高架鉄道で結ぶことを主とするものであり、その一環として甲武鉄道との接続も計画されたのです[18]。同計画は一八九六年に官設既成鉄道改良費として予算化されましたが、財政難と日露戦争のため計画は遅延を重ねましたが、日露戦争後の一九〇六年に鉄道国有法が公布され、甲武鉄道や日本鉄道が国有化されると計画は再び動き出し、新橋―中央停車場（東京駅）間の高架鉄道の建設が進められました[19]。甲武鉄道は国有化前に御茶ノ水駅まで延伸しており、ここから東京駅までの接続は官設鉄道の事業として進められることとなりました。一九〇八年に御茶ノ水―昌平橋間、一九一二年に御茶ノ水―万世橋間と順次延伸され、そして一九一九年三月に万世橋―東京駅間が開業（同時に神田駅が開業）し、ここで今日の中央線の形が完成したのでした[20]。

中央線電化と首都圏の拡大

馬車鉄道として構想され、汽車鉄道として出発した中央線とその沿線地域にとって大きな転機となったのは、その電車化でした。甲武鉄道初期の蒸気機関車はエネルギー効率が低く、また給水・給炭の必要性、終着駅での方向転換等、運行にさまざまな制約が存在しました[21]。そのため甲武鉄道開業初期には駅立地において給水条件が整った少数の駅のみが設置されることとなりました。これに比べて電車は蒸気機関車に比べ加減速の負担が少なく、方向転換も容易であるため、電車化により①運行本数の増加、②駅間距離の縮小（駅数の増加）、③煤煙リスクの低下による線路近接地の開発リスクの低下など、様々なメリットがもたらされました。中央線の電化は甲武鉄道時代の一九〇四年に飯田町（後に御茶ノ水）—中野間で電車運転が開始されたことに始まります[22]。その後国有化されてから電化区間は順次延長されていき、一九一九年に中野—吉祥寺間、一九二二年に吉祥寺—国分寺間、一九二九年に国分寺—立川間、一九三〇年に立川—浅川（現高尾）間と電車運転が延長されていったのでした。電車化にともなう新宿以西の沿線地域の発展は目覚ましく、また電化のタイミングと一九二三年に発生した関東大震災による都心からの人口流出が一致したことから、この時期以降の沿線人口の急増にともなう首都圏の拡大が進んでいったことを後の各章でお話しすることになります。また一九三〇年代以降には住宅地だけではなく、沿線に軍事施設が次々と設置されていきます。中央線沿線の発展と軍事施設の関係性に言及することも、本書におけるひとつのテーマになっています。

「沿線史」としての中央線沿線の近現代史

本書は「沿線の近現代史」と名付けているように、鉄道そのものの歴史に加え、沿線自治体が鉄道の敷設にどのような影響を受け、発展して行ったのかについて考察してみたいという問題意識に基づいて執筆されています。そのため、鉄道そのもの以外の沿線の街づくり、企業の立地、商業地区の形成、駅前再開発事業などに多くの紙幅を割いています。著者はこのような歴史叙述のスタイルを「沿線史」という歴史叙述の形にできないかと考えています。著者はかつて小田急や京王といった私鉄についても同様の著作を記してきましたが、一貫して私鉄であった小田急や京王沿線と、長年の国鉄時代を経てきた中央沿線の形成史が、どのように異なるものであるかを意識しながら執筆を心がけました。以下各章では東京駅から高尾駅までの鉄道と沿線の街の歴史を、それぞれの自治体区分に分けてお話しして行くこととなります。章の順番に読んで頂いても、読者の皆さんが興味ある地域から読んで頂いても構いません。中央線の「沿線史」を、読者の皆さんにも楽しんで頂けましたら幸いです。

[註]

(1)中里介山『百姓弥之助の話 第一冊植民地の巻』(隣人の友社版、一九三八年)六五〜六六頁。
(2)梅村又次「北多摩地方経済の停滞と甲武鉄道」(一橋大学経済研究所編『経済研究』第35巻第2号、一九八四年所収)。
(3)佐藤正広「明治二〇年代における鉄道網形成の諸要因」(社会経済史学会『社会経済史学』54巻5号、一九八九年所収)
(4)老川慶喜『明治地方鉄道史研究』(日本経済評論社、一九八三年)六九頁。
(5)日本国有鉄道『日本国有鉄道百年史 第2巻』(交通協力会、一九七〇年)五〇四頁。
(6)前掲『日本国有鉄道百年史 第2巻』五〇六頁。
(7)前掲『日本国有鉄道百年史 第2巻』五〇五頁。
(8)前掲『明治地方鉄道史研究』八〇頁。

(9)今城光英「甲武鉄道会社の成立と展開（下）」（大東文化大学経済学会『経済論集』（三九）一九八五年所収）。
(10)前掲『日本国有鉄道百年史 第2巻』五〇六頁。
(11)関島久雄「甲武鉄道（四）」（成蹊大学政治経済学会 編『政治経済論叢』一三巻二号、一九六三年所収）
(12)関島久雄「甲武鉄道二三の疑問点を解く」（成蹊大学政治経済学会 編『政治経済論叢』一〇巻二号、一九六〇年所収）、中村健治『中央線誕生』（交通新聞社、二〇一六年）九六～一〇四頁など。
(13)長谷川孝彦「甲武鉄道成立の前提」（国史学会『国史学』一三九号、一九八九年所収）、青木栄一『鉄道忌避伝説の謎』（吉川弘文館、二〇〇六年）七九頁など。
(14)日本国有鉄道『日本国有鉄道百年史 第2巻』（交通協力会、一九七〇年）五〇八頁。
(15)中川浩一・今城光英・加藤新一・瀬古龍雄『軽便王国雨宮』（丹沢新社、一九七二年）一四～一五頁。
(16)菅原恒覧『甲武鉄道市街線紀要』（甲武鉄道株式会社、一八九六年）野田正穂・原田勝正・青木栄一編『明治期鉄道史資料〈第二集〉地方鉄道史第四巻社史（四）』日本経済評論社、一九八〇年所収）七～八頁。
(17)前掲『甲武鉄道市街線紀要』八～九頁。
(18)野田正穂・原田勝正・青木栄一・老川慶喜編『多摩の鉄道百年』（日本経済評論社、一九九三年）四四頁。
(19)日本国有鉄道『日本国有鉄道百年史 第6巻』（交通協力会、一九七二年）一八七～一九一頁。
(20)前掲『日本国有鉄道百年史 第6巻』一九二頁。
(21)原田勝正『汽車から電車へ』（日本経済評論社、一九九五年）九九～一〇七頁。
(22)前掲『日本国有鉄道百年史 第6巻』三八九頁。

第二章　東京駅開設と神田の盛衰

（東京駅～神田駅～万世橋駅）

東京停車場（絵葉書）

神田須田町万世橋駅（絵葉書）

この頃の東京の発展は目覚ましいものであった。（中略）日比谷公園、凱旋道路、東京駅の大きな停車場、あそこいらあたりも考えると全く一変して了つたものだ。（中略）今は濠の四周を軽快な電車が走り、自動車が飛び、をりをりは飛行機までやつて来た。今ではさびしさとか陰気さとかいふ分子は影も形も見せなくなつて了つた。宮城の松、その上に靡く春の雲、遥かにそれと仰がれる振天府、すつかり新しく生々とした色を着けて来た[1]。

田山花袋『東京の三十年』

自然主義派の文学者として著名な田山花袋は、数多くの紀行文を残したことでも知られていますが、自ら暮らした東京の近代の移り変わりを描いた『東京の三十年』では、東京駅と丸の内付近の風景の変化を、その急速な変化に感慨を込めながら描いています。花袋の描いた明治の東京駅周辺から、二〇〇七年から開始された復原工事が二〇一二年に完成し、東京のランドマークとして装いを新たにした東京駅周辺の発展がいかなるものであったのか、見て行きましょう。

東京駅の構想

現在中央線の始発駅となっている東京駅は、一九一四年開業と、中央線のなかで比較的新しい駅です。始発駅なのに「新しい」というのは少々不思議な気がしますが、第一章で述べましたように、中央線の前身である甲武鉄道は当初、新宿を起点として開業され、その後徐々に路線を東西に延伸していったからです。さらに厳密に言えば、東京駅は一九一四年に開業しますが、中央線の駅になるのはさらに五年後の一九一九年のことでした。甲武鉄道の開業からなんと三〇年後のことなのです。

日本最初の鉄道が一八七二年に新橋―横浜間で敷設されたことは広く知られています。そのため官鉄の始発駅はしばらくの間、新橋ステーションでした。また日本初の私鉄である日本鉄道が東京の玄関口として一八八三年に設置（上野―熊谷間で開業）したのが上野駅です。甲武鉄道は一八八九年に新宿―立川間で開業しますが、その後都心方面に市街線を延長し、一八九五年に飯田町が開設され、しばらく飯田町駅を始発駅とする時代が続きました。東京駅の構想はこのように都心に分散されていた各鉄道の始発駅を連絡することを目的に浮上したものです。一八八四年の市区改正意見書草案には「鉄道は、新橋上野両停車場の線路を接続せしめ（中略）鍛治橋内に中央の停車場を設け、又神田川の北に一の停車場を設置し、彼此の交通及び貨物運輸の便利を増進せんと欲するなり」[2]と記されています。ここで言う「鍛治橋」とは江戸城馬場先門から外堀を渡る橋であり、現在地よりやや南寄りですがほぼ東京駅の場所です。東京駅は上野駅と新橋駅を接続する計画のなかで浮上したものと言えます。この計画が進むなかで上野―秋葉原間の日本鉄道延伸について、一八九〇年に市会が交通の渋滞と火災の危険性の観点から反対の建議を行ないます[3]。そのため、政府は路線計画を高架線とするように日本鉄道に指示しました。この高架線計画を提示したのは、当時日本鉄道会社の技術指導をしていたヘルマン・ルムシュッテルであり、ルムシュッテルは煉瓦造りのアーチ橋構造の高架を提案したとされています[4]。

東京駅の開業と中央線の接続

しかしその後、新橋―上野間の鉄道接続構想は難航しました。高架鉄道建設の費用と市会の反対に日本鉄道が二の足を踏み、また日清戦争による計画の中断を挟んで、一八九六年に政府は高架鉄道第一期工事として新橋―永楽町（現在の東京駅周辺）間の高架鉄道工事、および中央停車場の建設案を議決し、工事が先行して着工されました。しかし工事はその後も不況や日露戦争等によって中断を繰り返します(5)。

中央停車場建設計画が本格化したのは一九〇六年、鉄道国有化法が発布され、日本鉄道や甲武鉄道の国有化が実施されてからのことです。高架鉄道については、ルムシュッテル計画案を基に逓信省工務顧問フランツ・バルツァーが実施設計を行いました(6)。その際バルツァーは高架橋を鋼構造とする案を提出しましたが、耐震性と材料調達面が比較検討された結果、当初案通りの煉瓦造方式が採用されました(7)。バルツァーは中央停車場の設計も行いましたが、これは採用に至らず、元帝国大学工科大学学長の辰野金吾に委嘱されます。辰野は葛西萬司とともに一九〇六年設計に着手しました。デザインはルネッサンス様式の赤煉瓦三階建てとされましたが、耐震性に配慮し、鉄骨を芯にした煉瓦造である鉄骨煉瓦造という建築手法を採用しました(8)。

総敷地面積は六万五千三〇〇坪、施工は大阪の新興会社であった大林組が落札しました(9)。駅本屋は煉瓦三階建で総建坪三一三八坪、建築費用は約二八二万円と労働力述べ約七五万人が投入され、六年半ほどの工期をかけた中央停車場が「東京駅」と命名されて開業したのは一九一四年のことでした。一二月一八日に行われた開業式典には首相大隈重信や東京市長阪谷芳郎ら一五〇〇名が参列しています[10]。

一九一四年の時点での東京駅は山手線、東海道線等には接続しましたが、中央線には接続していませんでした。甲武鉄道は、一八九四年に牛込―新宿間で市街線を開業し、その後一八九五年に飯田町駅、一九〇四年に御茶ノ水駅まで延伸していました。都心駅への接続は当初新橋駅を想定していたようです[11]。一九〇六年の国有化後に一九〇八年に昌平橋駅、一九一二年に万世橋駅と東に延伸を続けますが、東京駅開業時点ではまだこの万世橋駅が始発駅であり、東京駅接続は間に合いませんでした。万世橋と東京駅が接続したのは一九一九年三月のことで、この時神田駅も同時に開業しています。ただこの時点では山手線の上野―神田間は完成しておらず、一時的に中央線と山手線の直通運転が行われることとなりました。中野から新宿、東京に到着した電車はそのまま山手線に入り、品川、新宿、池袋を経由して上野までを運行したのです[12]。上野―神田間が開業し山手線の環状運転が開始されたのは一九二五年一一月のことになります。

丸の内の形成

東京駅の西側、皇居と挟まれた一帯を「丸の内」と呼びますが、正式にこの名称で呼ばれるようになったのは一九二九年の町名変更以降のことです。かつてこの一帯は土佐藩邸など、大名屋敷の集積地でもありましたが、明治時代に入ると陸軍の兵営が置かれていました。しかし徐々に施設が狭隘化したため兵営の郊外移転計画が浮上しました。背景には兵営と当時東京の中心市街である日本橋・京橋が隣接していることによる風紀上の問題もあったと言われています[13]。陸軍省は同地を払い下げ、その費用を新兵営の建築費用に充てようと計画しました。払い下げは当初入札方式で計画され、一八八九年に実施されましたが、応札価格が希望に達せず、一部を除き差し止めとなってしまいました[14]。その後松方正義大蔵大臣が三菱社長岩崎弥之助に対して引き受け依頼交渉を行った結果、一八九〇年に丸の内一帯と有楽町練兵場地、神田三崎町の練兵場地を加えた約一〇万七千余坪（約三五万㎡）の一二八万円での払い下げが決定しました[15]。当時の東京市の普通会計予算が約四五万円であったことを考慮するといかに大型の払い下げであったかがわかります。三菱もこの支払いには苦心しており、支払いの一部に日本郵船会社の株式処分収益を充てた上、八回の分割で支払っています[16]。

ところでこの払い下げが行われた一八九〇年の時点で、東京駅はまだ完成（一九一九年）どころか新橋—東京間工事の着工（一八九六年）すらしていませんでした。一八八四年に市区改正意見書により、上野—新橋間の接続は計画されていましたし、付近に駅が設置されることも計画はされていましたが、あくまでそれは計画であったわけです。つまり現在でこそ東京駅の正面玄関として、丸の内は払い下げの時点から将来の繁栄が約束された地であったかのように思われますが、実際には東京駅の実現が不透明な状況で、丸の内の払い下げは決断されたことになります。

払い下げを受けた三菱は、一八八九年に告示された東京市区改正の設計に基づいて、同地に近代的なオフィスセンターを構想しました。事業を主導したのは当時ロンドンのロンバード街など、イギリスで見聞を得た荘田平五郎であり、幅二〇間（約三六ｍ）の道路で区画を区分し、木造建築を許さず、石造り、レンガ造りの建築を行なうこと等を定めました。厳しい建築規制のために当初ビルの建築が進まない同地に対して「三菱ヶ原」と揶揄する声もありました。冒頭で紹介した田山花袋も当時の丸の内の風景を「いやに陰気でさびしい荒涼とした、寧ろ衰退した気分が満ちわたつて」いたと述懐しています[17]。しかしその後、一八九四年に妻木頼黄設計による東京府庁や、コンドル設計による三菱第一号館、一八九九年に東京商業会議所などが次々と完成し、丸の内は日露戦争前後期には「一丁倫敦」と呼ばれるオフィス街となっていったのでした[18]。

神田駅と万世橋駅

神田とは元々大手町から駿河台にかけての江戸城北東部を指す言葉だったとされていますが、明治に入り一八七八年に東京市神田区が成立し、行政区画の名称となりました。現在の中央線では神田駅、御茶ノ水駅、水道橋駅までが神田区内にあった駅ということになりますが、御茶ノ水駅、水道橋駅については次章にゆずり、ここでは神田駅と、かつて存在した昌平橋駅、万世橋駅について述べたいと思います。一九〇六年に国有化される前の甲武鉄道最後の始発駅は御茶ノ水駅でした。国有化後の中央線はその後も東に路線を伸ばし、一九〇八年四月に昌平橋駅を開業します。さらに一九一二年四月には万世橋駅が開業し、その後約七年間万世橋駅が中央線の始発駅となりました。今川橋から万世橋にかけての大通り（現在の中央通り付近）は東京きっての商店街として繁栄していました[19]。そのため万世橋駅は一九一四年までは東京市内の院線駅の乗客数で上野、新橋、新宿に次ぐ位置にありました[20]。

しかし万世橋駅の繁栄は長くは続きませんでした。一九一九年三月に万世橋駅—東京駅間がつながり山手線に接続し、同時に神田駅が設置されました。始発駅としての地位を失い、また山手線との接続駅でもある神田駅に乗客を吸収された万世橋駅は、乗客数を減らして行きます。戦時中の一九四三年に営業が休止され、実質廃駅となってしまいました。

市電との競合と関東大震災

戦前都心部における中央線の発展を考えるうえで重要なのは、市電との関係です。一九〇三年に東京電車鉄道、東京市街鉄道が、一九〇四年に東京電気鉄道が次々と市内で路面電車を開業させます。三社は一九〇六年に合併して東京鉄道となりますが、これを一九一一年に東京市が買収して東京市電が誕生します。一九一〇年代の東京の都市化は市電の発展と共にあったと言っても良く、市電の全盛時代であったとされています[21]。市電の発達は院線・省線と相乗作用を持つこともあれば、相互に競合することもありました。甲武鉄道が市街線を延伸すると共に、電車化を急ピッチで進めた背景には、都心部における路面電車との競合がありました。

市電と中央線の明暗が分かれるきっかけとなったのは関東大震災でした。一九二三年九月の震災により東京都心部は壊滅的被害を受け、市電も中央線も甚大な被害を受けましたが、被害は相対的に市電の方が大きく、復旧費の負債が経営を圧迫し、また市民の郊外流出の影響で営業成績も頭打ちとなり、徐々に路線を縮小していきました[22]。一方で中央線は神田、御茶ノ水、水道橋、飯田町駅などの駅舎が焼失する被害を受けたものの、路線の復旧は早く、震災三日後の九月四日には避難者のための無賃輸送を実施しています。一四日には電車運転も再開しました[23]。その後中央線は都心人口の西漸に対応すべく複々線化に着手し、一九二九年には飯田町―中野間で電車線と汽車線を分離する複々線化を実現し、輸送力を一層強化して行きました[24]。

また東京駅や丸の内一帯の震災被害が相対的に軽微だったことも特筆すべきでしょう。東京駅は前述のような鉄骨煉瓦造工法を採用した結果、ホームの一部が倒壊し、軽傷二名を出したものの、本屋や高架の損傷は軽微で死傷者を出しませんでした[25]。丸の内においても警視庁、帝国劇場、鉄道省などが全焼する大きな被害がありましたが、震災直前に完成していた丸ノ内ビルディング、郵船ビルディング、日本興業銀行、永楽ビルディングなどの新築ビル群は地震に耐え抜き倒壊・焼失を免れました。その結果として被害の大きかった京橋、日本橋方面から本社機能を丸の内に移転する事例が相次ぎ、丸の内は近代的ビジネスセンターの様相を強めていったのでした[26]。復興計画の一環として皇居坂下門から東京駅正面をつなぐ行幸道路も建設され、東京の中心地としてのイメージは一層強固なものとなったのです[27]。

しかし一方で震災によって賑わいを失った地域もありました。沿線で代表的な存在が神田―万世橋間です。震災は下町一帯に大きな被害を与え、その結果として新宿、渋谷、池袋等、東京市西部のターミナルが新たな繁華街として成長し、震災前の繁華街であった神田はこれらの新興繁華街に顧客を奪われる形になりました。このことを代表する出来事が松屋、伊勢丹の神田からの転出です。神田今川橋にあった松屋は神田を代表するデパートでしたが震災で焼失し、その後銀座に転出して神田に戻ることはありませんでした。また伊勢丹も神田旅篭町の呉服店を出発点とする老舗でしたが、震災後の一九二四年に新宿に仮店舗を設けて進出し、神田店は一九三三年に閉店することとなりました[28]。

戦後の復興と八重洲口の発展

東京駅の「駅前」と言えば一般的に「丸の内」が有名です。一九一四年の東京駅開業時には駅舎は西側の皇居に向けて建築され、東側には設置されませんでした。東京駅の場合、西側が皇居に面している関係上、丸の内側に駅舎が新設されることは不可避であったと思われます。しかし西側の八重洲は、当時東京の中心街であった日本橋、京橋に隣接していたため、八重洲口開設の要望も高まって行きました。八重洲口が開設されたのは一九二九年一二月のことです。設置当初の八重洲口は電車区間のみの取り扱いをおこなう、小さな木造駅舎でありました。

アジア太平洋戦争は東京駅、丸の内にも大きな被害をもたらしました。関東大震災時にも被害軽微であった駅本屋も、一九四五年五月二五日の大空襲時に、焼夷弾によって炎上し、屋根部分を失いました。応急復旧の過程で被害のはなはだしかった駅本屋三階部分は取り壊され、駅舎二階建てに改装され、屋根はドーム等の複雑な構造を廃した直線的な形に修復されました[29]。丸の内も空襲により大きな被害を受け、また焼け残ったビルも、戦後占領軍により多くは接収されることになりました[30]。戦後民主化の過程で、皇居正面に向いた東京駅という象徴的性格も弱まりました。一方で八重洲口側にはかつて江戸城の外堀が隣接しており、スペースも狭隘であったのが、戦後復興の過程で外濠の埋め立てが進んだ結果、開発余地が広がりました。

東京駅八重洲口

八重洲口は戦後に拡張され、一九四八年一一月に駅舎が新設されましたが、不幸なことに翌年焼失し、中二階の仮駅舎が設置されていました。戦後復興のなかで八重洲口の増強が求められますが、戦災復興と輸送力の増強に追われていた国鉄は、自力での駅舎新築を行なう資金力に乏しく、駅舎建設に民間資本を導入する「民衆駅」を構想しました[31]。池袋駅に続き首都圏二例目の民衆駅として鉄道会館が施工し、大丸がキーテナントとして入居した六階建ての八重洲駅ビルは一九五四年一〇月に竣工し、東京駅の新しい玄関口となりました[32]。

また一九六四年一〇月に開業した東海道新幹線は在来線の線増予定敷地を利用して設置されたため、ホームは八重洲口側に設置されました。この新幹線開業に合わせて八重洲駅ビルは一九六八年に十二階建てのビルに改築されました。新幹線で上京した人々にとって、東京駅の玄関口は八重洲口というイメージが形成されることになったのです[33]。

東京駅復原

こうして戦後一時は八重洲側の発展に押された感のあった丸の内駅舎は、一九八〇年代には国鉄民営化の流れもあり、高層ビルへの建て替えへの機運が高まりました。これに対して日本建築学会や市民団体から赤煉瓦の駅舎保存の請願が出されることになります。JR東日本と東京都の間で協議が行われ、二〇〇一年度の「東京駅周辺の再生整備に関する研究委員会」での基本方針を受け、二〇〇二年二月に駅舎の復原計画が発表されました。五〇〇億円とも言われた復原費用の調達については、二〇〇〇年五月の都市計画法改正にともない新設された「特例容積率適用地区制度」が活用されました。これは東京駅上空の、本来高層ビルを建設できる容積を周辺地域に売却することを認める制度です。俗に「空中権売買」とも呼ばれた手法ですが、JR東日本が東京駅の上空容積を三菱地所等の周辺企業に売却することで資金調達が行われました[34]。

二〇〇七年に開始された復原工事は、二〇〇三年に国の重要文化財に指定された東京を代表する歴史的建造物の忠実な「復原」と、最新の免震技術を融合させ、五年以上の工期をかけて実施された結果、二〇一二年一〇月に完成式典を迎えることとなったのです。

［註］

⑴田山花袋『東京の三十年』（博文堂、一九一七年）参照は岩波文庫版、二六一～二六二頁。

⑵千代田区役所編『千代田区史　中巻』（千代田区、一九六〇年）五五二～五五三頁。

⑶前掲『千代田区史　中巻』五五三頁。

⑷林章『東京駅はこうして誕生した』（株式会社ウェッジ、二〇〇七年）一〇一頁。

⑸東京都千代田区『新編 千代田区史 通史編』（東京都千代田区、一九九八年）八九四頁。

⑹前掲『東京駅はこうして誕生した』一一三～一一七頁。

⑺島秀雄編『東京駅誕生―お雇い外国人バルツァーの論文発見』（鹿島出版会、一九九〇年）一一五頁。

⑻三菱地所株式会社社史編纂室『丸の内百年の歩み　上巻』（三菱地所株式会社、一九九三年）一八〇～一八三頁。

⑼前掲『東京駅はこうして誕生した』一四九頁。

⑽前掲『丸の内百年の歩み　上巻』一八三～一八六頁。

⑾前掲『東京駅誕生―お雇い外国人バルツァーの論文発見』一一二頁。

⑿前掲『新編 千代田区史 通史編』八九六頁。

⒀鈴木理生『千代田区の歴史』（名著出版、一九八八年）二一一頁。

⒁前掲『丸の内百年の歩み　上巻』八七～九〇頁。

⒂前掲『丸の内百年の歩み　上巻』九一頁。払い下げの価格については『千代田区史　中巻』など一八〇万

円とする記述もみられるが、当事者である三菱側の記述に拠った。
⒃前掲『丸の内百年の歩み　上巻』九五～九八頁。
⒄前掲田山花袋『東京の三十年』二六三頁。
⒅前掲『千代田区史　中巻』五五六～五五九頁。
⒆前掲『千代田区史　中巻』五六五頁。
⒇前掲『千代田区史　中巻』六七三頁。
(21)前掲『千代田区史　中巻』六六五頁。
(22)前掲『千代田区史　中巻』六六五～六六七頁。
(23)前掲『千代田区史　中巻』六七〇～六七一頁。
(24)前掲『千代田区史　中巻』六七二頁。
(25)イカロス出版『絵解き東京駅ものがたり』（イカロス出版、二〇一二年）三二頁。
(26)前掲『千代田区史　中巻』六八一頁。
(27)前掲『千代田区史　中巻』六八二頁。
(28)前掲『千代田区史　中巻』六八五～六八六頁。
(29)前掲『東京駅誕生—お雇い外国人バルツァーの論文発見』一六五頁。
(30)前掲『丸の内百年の歩み　上巻』四九一～四九三頁。
(31)前掲『東京駅誕生—お雇い外国人バルツァーの論文発見』一六三頁。
(32)石榑督和「池袋西口民衆駅の計画と建設」（『日本建築学会計画系論文集』第八二巻第七三七号、二〇一七年所収）。
(33)前掲『東京駅誕生—お雇い外国人バルツァーの論文発見』一六三頁。
(34)大内田史郎「東京駅丸の内駅舎保存・復原」（『電気設備学会誌』三一（二）三三八号、二〇一一年所収）。

第三章　「学生の街」御茶ノ水と中央線

（御茶ノ水駅〜飯田橋駅）

お茶の水橋（絵葉書）

聖橋（絵葉書）

今宵は旧菊月十五日なり。空はたゞみ渡す限り雲もなくて、くずの葉のうらめづらしき夜也。「いでや、お茶の水橋の開橋になりためるを、行きみんは」など国子にいざなはれて、母君も「みてこ」などの給ふに、家をばでぬ。（中略）行々て橋のほとりに出ぬ。するが台のいとひきくみゆるもをかし。月遠しろく水を照して、行かふ舟の火かげもをかしく、金波銀波こもごもよせて、くだけてはまどかなるかげ、いとをかし。

樋口一葉『蓬生日記』(1)

明治を代表する小説家の一人である樋口一葉は、日記に一八九一年に完成したお茶の水橋の完成を母、妹と見物に行ったことを書き記しています。当時一葉は本郷菊坂町（現文京区本郷四丁目）に居住していました(2)。当時甲武鉄道は新宿—八王子間で開業していましたが、未だ御茶ノ水まで線路は敷かれていませんでした。また一葉は一八九二年四月に友人の田中みの子から小金井堤の観桜を誘われていますが、原稿の〆切を理由に断ったことを日記に記しています(3)。その後一八九六年に二四歳で早逝した一葉にとって甲武鉄道はすれ違いとなってしまった存在ですが、日記には当時の駿河台の風景が鮮やかに描かれています。

御茶ノ水・駿河台の由来

御茶ノ水駅の住所は千代田区神田駿河台二丁目です。「駿河台」という呼称は、江戸時代に徳川家康が、江戸城防衛上の要地と考えられたこの一帯に、最も信頼の厚い駿府詰め家臣団を集住させたことに由来しています[4]。駅前を流れる神田川は自然の河川ではなく、江戸城の外堀の強化と上水整備の目的で、人工的に切り開かれ、流域を変更されたものです。駅名となった「御茶ノ水」の由来は、江戸時代初期に同地にあった高林寺（現在は文京区向丘に移転）敷地からの湧き水が将軍家の茶の湯に供され、好評を博したことにあったとされています[5]。

現在御茶ノ水駅付近の線路の東に聖橋、西にお茶の水橋が架橋されていますが、明治時代初期にはこの二つの橋は存在しませんでした。一八七四年時点であったのは東は万世橋、西は水道橋であり、交通の便が悪かったので駿河台と桜馬場（現在の東京医科歯科大学付近）との間に地元住民が架橋する計画を立てています[6]。この計画は実現しませんでしたが、一八八九年の東京市区改正条例によって架橋計画が再度浮上し、駿河台の橋は一八九〇年一一月に着工され、一八九一年一〇月に完成しました[7]。冒頭の樋口一葉が見物に出かけたのはこの時のことです。

学校と病院の集積地駿河台

徳川譜代の家臣が集住した駿河台付近には武家の子弟の学問所も作られました。一六九〇年に徳川綱吉が儒学振興のため、湯島に孔子廟を造営し、湯島聖堂と名付けますが、一七九七年には聖堂内に旗本や御家人子弟の教育機関である昌平坂学問所が整備されました[8]。同学問所は明治維新後には昌平学校となり、敷地は移転しますが後の東京大学のルーツの一つになって行きました。また昌平坂の西側には桜馬場（湯島馬場）と呼ばれる馬場がありましたが、幕末になると同地に大砲鋳造所が作られ、一八六四年に鋳造所が関口水道町（現東京ドーム）に移転されると一八七五年に東京女子師範学校（後に東京女子高等師範学校）が開学しました。同師範学校は関東大震災後の一九三二年、大塚に移転しますが、戦後新制大学になる際に、旧所在地の名称を取って「お茶の水女子大学」となりました[9]。女子高等師範の移転跡地には一九三〇年に日本最初の官設歯科医学校である、東京高等歯科医学校（現東京医科歯科大学）が移転設置されました[10]。お隣の順天堂大学は蘭方医佐藤尚中が一八七三年に開いた順天堂医院に由来しています。現在の位置には七五年に移転しました。大学に昇格したのは戦後一九四六年のことです。

明治時代に入ると旧幕府や明治政府主導で作られた学校の他に、私立の学校も駿河台付近に集積しました。これは付近に居住していた旧徳川家臣団の多くが駿府等に移住したことにより、広大な空き地が発生したことも要因であったと考えられます。特に日本が近代化を進めるにあたり近代法の専門家の要請が急務であったことから、神田・駿河台付近に私立の法律学校が次々と設立されました。一八八〇年に駿河台に東京法学舎（現法政大学）、一八八五年に神田錦町に英吉利法律学校（現中央大学）が設立されます。その後一八八六年には明治法律学校（現明治大学）が有楽町から移転し、専修学校（現専修大学）が神田猿楽町から神保町に移転し、一八八九年には日本法律学校（現日本大学）が飯田町に設立されました[11]。

大学が集積することにより、関連する産業も発展していきます。一九二七年に明治大学教授であった山崎寿春が旧制高等学校進学のために駿台高等予備校が開設され、予備校業界のさきがけとして成長していきました[12]。大学の集積により学生や教師の住民が増加することにより、これを相手にする書店、古書店、出版社の集積も進んでいきます。いまや出版業界のメッカとされる神保町は旗本神保家の屋敷があったことに由来しますが、旧幕臣の亀井忠一が古書店から出発し、洋学校の学生向けの辞書を出版して成長させた三省堂や神田高等女学校（現神田女学園）教師であった岩波茂雄が開業した古書店を出発点とし、夏目漱石など文学者の全集や文庫という新しい出版の様式で成長した岩波書店など、神保町を出発点として著名な出版社が成長していきました[13]。

御茶ノ水駅の開設

御茶ノ水駅の開業は一九〇四年の一二月のことです。開業当初の駅はお茶の水橋の西方、今日の交番付近に設置されていました[14]。甲武鉄道の市街線は一八九五年には飯田町（現在廃駅）まで延伸されていましたが、その後暫く飯田町駅を始発とする時代が続きました。その後路線が駿河台方面に伸ばされたのは一九〇四年八月に飯田町—中野間で電車営業が開始されたことと関係していると考えられます。電車運行により運転間隔が短縮され一般庶民に鉄道が身近になったことにより、学問の街である御茶ノ水にも路線が延伸されたのでしょう。また御茶ノ水駅開業とほぼ同じタイミングで東京電気鉄道の路面電車がお茶の水橋を渡る形で設置され、神田錦町方面に接続しました[16]。御茶ノ水駅は路面電車と甲武鉄道が立体交差する駅になったのです。初代お茶の水橋は震災により焼失し、一九三一年に二代目お茶の水橋が設置され、今日まで使用されています。路面電車は一九四四年に廃止されますが、二〇二〇年に工事の際、当時の路面電車の線路の一部が橋上に発見され、話題になりました。

御茶ノ水駅に限らず市街線で建設された駅の多くは神田川の谷に沿って路線と駅が設置されています。これは用地買収上はメリットがあったものと考えられますが、その後の駅拡張という観点からは大きな制約となっています。御茶ノ水駅も毎日多数の学生、サラリーマンの乗降する駅として狭隘は免れず、改良工事が重ねられてきましたが、抜本的な解決には至っていません。一時は神田川を跨ぐ橋上駅を建築する構想も上がったそうですが、そうすると聖橋やお茶の水橋から神田川を眺める風景も大きく変わってしまうかもしれません(17)。

二つの聖堂と聖橋

現在御茶ノ水を代表するランドマークである聖橋の架橋は、お茶の水橋よりも三〇年以上後のことです。関東大震災時に木造橋梁の多くが延焼し、被害を拡大した反省に立ち、永代橋・清洲橋などの復興建築の橋梁は耐震耐火構造を重視して計画されました(18)。聖橋もこの震災復興建築の一環として建築家山田守のデザインを元に、復興局橋梁課で構造設計が行われ、一九二四年に着工され、一九二七年七月に竣工しました(19)。橋名の由来は橋の両端にある二つの聖堂にあると言われています。北側の湯島聖堂と、南側のニコライ堂です。

ビザンツ様式のドームで有名なニコライ堂は日本正教会の伝道者であるニコライが布教の中心

地として一八九一年に完成したものです。設計はロシア人により行われましたが施工は鹿鳴館などを建築したイギリス人建築家コンドルにより行われました。敷地はかつて火消し屋敷があった場所で、駿河台を見渡す高台に設置されました[20]。

水道橋と三崎町

水道橋駅は御茶ノ水駅開業から約二年の後、一九〇六年九月に開業された駅です。同年一〇月には甲武鉄道が国有化されましたので、甲武鉄道としての最終期の駅と言えます。駅の名称は御茶ノ水坂下の神田川に神田上水を対岸に渡すための懸樋、すなわち水道橋があったことからその名が付けられました[21]。現在水道橋駅と言えば、北側の東京ドームシティが有名ですが、同地には江戸時代に水戸徳川家の上屋敷があり、地名の由来にもなっている後楽園は屋敷地の庭の一部でした。また水戸藩邸の東、現在都立工芸高校や桜陰高校がある付近には吉祥寺という寺がありました。同寺は一六五七年の明暦の大火で全焼し、寺は駒込に移転しましたが[22]、この時同地を離れて移住した住民が吉祥寺村（現武蔵野市）を形成します。

明治時代になり一八七一年には旧水戸藩屋敷跡地に造兵司が置かれ、一八七九年には東京砲兵工廠となりました。甲武鉄道の市街線は当初この工廠近くに牛込駅や飯田町駅等の駅を設置していますが、水道橋駅はより砲兵工廠に接近させて造られた駅と言うことができます。東京砲兵工廠は関東大震災で被害を受けた後、小倉に移転し、その後一九三七年にプロ野球球場、後楽園スタジアムが完成しました[23]。出資者には阪急の小林一三や読売新聞の正力松太郎の名前を見ることができます。

水道橋駅の南側を神田三崎町といいます。この一帯は明治時代初期には陸軍の練兵場が置かれていましたが、一八九〇年に丸の内と同様に三菱が一括して払い下げを受けました。この土地で三菱は下水道などのインフラ整備を行ったうえで、三崎河岸から九段坂行通に抜ける水道橋通り沿いに、煉瓦造の二階建て八棟の商業ビルを建築し、貸地・貸家営業を開始しました[24]。「煉瓦長屋」と呼ばれたこの建物への入居は当初芳しくありませんでしたが、一八九二年に神田猿楽町で大火があり、移転入居する事業者が増加したと言われています[25]。三崎町にはその後、三崎座（一八九一年）、川上座（一八九六年）、東京座（一八九七年）など歌舞伎や新派劇などを演じる劇場が集中する演劇の集積地としての性格も持つようになりました[26]。

飯田町と飯田橋

飯田橋駅のある千代田区飯田橋とは、江戸時代に内堀の田安御門と外濠の牛込御門（見附）と小石川御門（見附）に囲まれた地域を指し、かつては旗本屋敷が集中する街でした。飯田というのは徳川家康が江戸入城する際に、付近を案内した農民の名に由来すると伝えられています[27]。明治維新後この武家屋敷跡地が開墾され、桑・茶の栽培や牧場（北辰社牧場）経営が営まれていましたが、一八九五年四月に市街線が牛込駅から延長され飯田町駅が設置されます。その後一九〇四年に御茶ノ水駅が設置されるまで、約一〇年間甲武鉄道の始発駅の地位を占めていました。関東大震災後に複々線工事化の一環で飯田町駅と牛込駅の中間に一九二八年一一月飯田橋駅が設置され、これによって牛込駅は廃止となりますが、飯田町駅はしばらくの間、長距離列車の発着駅として存続し、その後貨物駅として一九九九年まで存続しました。

戦後の飯田橋にはオフィスに加えて駿河台同様に、教育機関や病院が集積し、書店街も近いことから紙類の集積地という性格を持ち、駅に隣接して飯田町紙流通センターが一九七二年から二〇一四年まで置かれていました。

飯田町停車場
The Iidamachi Ra lway Station.

飯田町停車場（絵葉書）

［註］

(1)樋口一葉『蓬生日記』参照は前田愛・野口碩『全集樋口一葉③日記編』（小学館、一九七九年）四〇頁。

(2)戸畑忠政編『ぶんきょうの町名由来』（文京区文京ふるさと歴史館、一九八一年）一〇七頁。

(3)小金井市史編さん委員会編『小金井市史 資料編 小金井桜』（小金井市、二〇〇九年）四〇一頁。

(4)豊田薫『東京の地理再発見―だれが街を造ったか（下）』

（地歴社、一九九四年）六九頁。
(5)五味碧水『お茶の水物語』（吉井書店、一九六〇年）二六頁。
(6)文京区役所『文京区史 巻三』（文京区役所、一九六八年）一三三～一三四頁。
(7)成瀬輝男『鉄の橋百選―近代日本のランドマーク―』（東京堂出版、一九九四年）一七〇頁。
(8)前掲『ぶんきょうの町名由来』（文京区文京ふるさと歴史館、一九八一年）一一七～一一九頁。
(9)豊田薫『東京の地理再発見―だれが街を造ったか〔下〕』（地歴社、一九九四年）七二頁。
(10)前掲『東京の地理再発見―だれが街を造ったか〔下〕』八〇頁。
(11)前掲『東京の地理再発見―だれが街を造ったか〔下〕』七四～七五頁。
(12)前掲『東京の地理再発見―だれが街を造ったか〔下〕』九一頁。
(13)前掲『東京の地理再発見―だれが街を造ったか〔下〕』九四～九六頁。
(14)前掲『お茶の水物語』二二頁。
(15)前掲『東京の地理再発見―だれが街を造ったか〔下〕』八〇頁。
(16)前掲『お茶の水物語』二〇頁。
(17)朝日新聞社会部『神田川』（未来社、一九八二年）八〇頁。
(18)東京都千代田区『新編 千代田区史 通史編』（東京都千代田区、一九九八年）九二八～九二九頁。
(19)伊東孝『東京の橋　水辺の都市景観』（鹿島出版会、一九八六年）一六八～一七四頁。
(20)前掲『東京の地理再発見―だれが街を造ったか〔下〕』七七～七八頁。
(21)前掲『ぶんきょうの町名由来』九七頁。
(22)戸畑忠政編『文京のあゆみ―その歴史と文化―』（文京区教育委員会、一九九〇年）二九五頁。
(23)前掲『ぶんきょうの町名由来』三～四頁。
(24)三菱地所株式会社社史編纂室『丸の内百年の歩み　上巻』（三菱地所株式会社、一九九三年）一五一～一五二頁。
(25)東京都千代田区『新編 千代田区史 通史編』(東京都千代田区、一九九八年)八五六頁。
(26)千代田区役所編『千代田区史　中巻』(千代田区、一九六〇年)五六九~五七〇頁。
(27)飯田橋デベロッパーズクラブ『飯田橋むかしむかし』(一九七六年)四頁。

第四章　「新都心」新宿はいかに形成されたか

（市ヶ谷駅～四ツ谷駅～新宿駅）

四谷見附（絵葉書）

新宿駅（絵葉書）

私の旧宅は今私の住んでいる所から、四五町奥の馬場下という町にあった。（中略）当時私の家からまず町らしい町へ出ようとするには、どうしても人気のない茶畠とか、竹藪とかまたは長い田圃路とかを通り抜けなければならなかった。買物らしい買物はたいてい神楽坂まで出る例になっていたので、そうした必要に馴らされた私に、さした苦痛のあるはずもなかったが、それでも矢来の坂を上って酒井様の火の見櫓を通り越して寺町へ出ようという、あの五六町の一筋道などになると、昼でも陰森として、大空が曇ったように始終薄暗かった。

夏目漱石『硝子戸の中』(1)

一八六七年に牛込馬場下の名主の末子として産まれた漱石の生家は新宿区喜久井町、地下鉄東西線早稲田駅付近にありました。漱石は幼少期、つまり明治初期の新宿の風景を右のように描いています。また漱石は幼少期に現在の新宿二丁目付近の塩原家に養子に出る（後に夏目家に戻る）など、新宿とは縁の深い文学者です。漱石が育ち、今日都庁もおかれる「新都心」新宿が、どのような発展を描いてきたのか、見ていきたいと思います。

維新後の新宿と新宿駅の設置

明治維新後、江戸は東京と改称しましたが、その人口は一時的に減少する事態が生じました。それは廃藩置県により江戸の大名屋敷の多くが閉鎖されたためでした。新宿でも武家地・寺社地として発展した地域は甲州街道の沿道を除けば寂寞たる風景が一時広がったと言われています(2)。

冒頭の漱石が描いた馬場下から神楽坂にかけての道筋もこうした武家屋敷地の一時的衰退を描いたものであったのかもしれません。一方で現在の四谷見附から角筈村にかけての甲州街道筋では農産物や薪炭材を運ぶ荷車の移動で沿道は賑わっていたといいます。また現在の新宿一〜三丁目付近である内藤新宿では、江戸時代からの妓楼が明治に入っても繁盛を続けていました[3]。

新宿駅の開設は、甲武鉄道が最初ではなく、日本鉄道品川線の一駅としてでした。一八八五年三月に開通した品川線は、まだ環状運行にはなっていなかったものの今日の山手線のルーツになるものです。品川線の途中駅として設置された新宿駅の所在地は南豊島郡角筈村でした[4]。新宿とは元禄時代一六九九年に甲州街道の宿として新設された内藤新宿に由来する地名です。内藤はこの付近に屋敷を保有していた信州高遠藩内藤家に由来します。角筈村は内藤新宿の追分（現新宿三丁目交差点付近）よりさらに西側一帯に広がる村であり、敷地は旧尾張藩附家老成瀬家、越前鯖江藩主間部家らの下屋敷跡で、維新後は草ぼうぼうの荒地であったと言います[5]。同村は一八八九年に柏木村等と合併して淀橋町となります。

その後一八八九年四月に甲武鉄道の新宿―立川間が開業し、新宿駅は二つの線のターミナル駅となりました。開業当初の駅敷地は一三二〇㎡ほどに過ぎず、木造の駅舎は青梅街道側にあり、改札は東口のみ。南側は貨物の集積所となっており、都心方面に向けた石炭・砂利・石材・木炭・米などの建設・生活資材が積み下ろされました。汽車の通過は一日に五、六回で一汽車乗り遅れると二、三時間待たなければならず、駅前の茶店で昼寝しながら汽車を待つこともあったという、今日からは考えられないのどかさであったようです。ただ青梅街道との交差は平面交差で踏切番が置かれていたにも関わらず、開業当初より事故の多い難所になっていました(6)。

四谷の発展

明治時代において現在の新宿区の中心は、新宿駅付近ではなく四谷から神楽坂にかけての一帯でした。四谷は江戸城西門である半蔵門から甲府に向かう外堀の門（見附）に当たる場所です。江戸時代に外堀内側の麹町に武家屋敷が集積し、外側の四谷に移転してきた寺社や町屋が商業地を形成してきました。明治末期より大正時代にかけて、伝馬町から塩町にかけての大通りの各商店は麹町・赤坂・牛込三区から顧客を集める繁華街であり、特に大横町から塩町の角までは毎夜並ぶ露店が名物でもありました(7)。一八七八年の郡区町村編成法により付近は四谷区となりますが、この時点で内藤新宿や角筈村は南豊島郡下に編成されており、甲州街道筋で一定の賑わいは見せていましたが、四谷近辺や牛込区の神楽坂には、はるかに及ばないものでした。

この状況は一八八五年に日本鉄道新宿駅が開設され、一八八九年に甲武鉄道が開業してからも変化しませんでした。新宿駅は内藤新宿から西に離れた角筈村に設置され、しばらくの間は貨物駅のような扱いで乗客も多くはなかったからです。その後一八九四年に牛込―新宿間に市街線が新設され、当初牛込、市ヶ谷、四ツ谷、信濃町の四駅が新設されましたが、市街線は後述しますように、新宿―四ツ谷間を大きくU字型に迂回して、四谷区南端をかすめるような経路をたどったため、四谷の発展への影響は大きくなかったとされています(8)。

むしろこの間、四谷の発展に貢献したのは路面電車の発達でした。一九〇三年に東京市街鉄道の路面電車が旧四谷門外—大木戸間—新宿追分で通じてからは下町方面と西部郡村の通行人が行き交うことによって四谷付近は大いに賑わうこととなりました。さらに第一次大戦期の一九一五年に京王電気軌道が新宿追分—調布間で全通すると新宿駅は東京中心部との連絡に加え、郊外部と都心を結ぶターミナルとしての存在感を増していきました(9)。その結果として豊多摩郡内藤新宿町を四谷区に併合する形で東京市に編入する機運が高まり、一九二〇年四月一日をもって東京市に編入されたのでした(10)。現在四谷は新宿区の一部ですが、かつては逆に新宿が四谷区の一部であったのです。

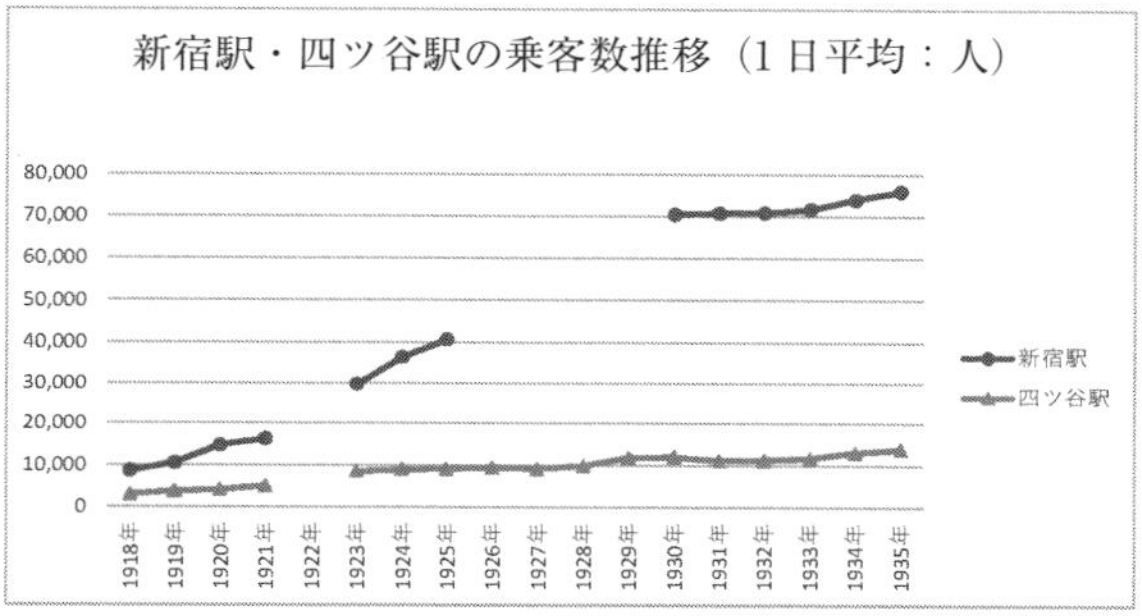

『新宿区史 資料編』201頁より

市街線の建設と信濃町駅

当初甲武鉄道は新宿—立川（後日八王子）間で開業しましたが、その後東京市街地への線路延長に着手し、一八九四年一〇月に新宿—牛込（現在は廃駅）間が開業しました。この時新宿区内で設置された駅は牛込、四谷、信濃町の四駅でした。市ヶ谷駅（一八九五年開業）と、渋谷区に置かれた代々木駅（一九〇六年開業）、千駄ヶ谷駅（一九〇四年）はいずれもしばらく間をおいて新設された駅です。

市街線駅が設置された土地のひとつ、信濃町は江戸時代に大名永井尚政（信濃守）の下屋敷があったことから名付けられた土地です。元来武家屋敷のあった屋敷町でしたが、一八八六年に駅南側の旧大名青山家の江戸屋敷跡地に青山練兵場が設置され、近衛歩兵第四連隊が青山に駐屯し、一八八八年には駅北側に陸軍輜重兵大隊の兵営が設置されるなど、軍関連施設の集積が進んでいきました。その後大正時代になると、一九二〇年に輜重兵大隊の移転跡地に慶応義塾大学病院が開院し、代々木に移転した練兵場跡地には、一九二六年に明治神宮外苑が完成するなど、軍の街としての性格は薄れていきました(11)。町内には犬養毅、斎藤実、池田勇といった戦前・戦後の総理大臣等の邸宅が置かれ、政財界の有力者の住むお屋敷街というイメージを形成していきましたが、それ故に五・一五事件や二・二六事件といった歴史的事件の舞台ともなったのです(12)。

明治時代の新宿

甲武鉄道開業後も新宿駅付近の発展はしばらく緩やかなものでした。もちろん甲州街道・青梅街道沿いに商店は増えていきましたが、その業種は運送店、石材店、材木店、薪炭店などで、新宿駅で積み下ろしする貨物に関連する商店が多かったようです。有名なところでは、後に書店となる紀伊国屋が当時は薪炭問屋でした(13)。内藤新宿は江戸時代からの楼閣が並ぶ歓楽街でしたが、街道筋の商店から一歩奥に入ると一面に桑畑や竹藪が広がる風景が残されていたと言います。甲州街道・青梅街道にはこうした物資を輸送する馬や馬車が往来し、農産物や薪炭、建設資材などの輸送で賑わう物流拠点のような状況でした[14]。

その後一九〇三年に東京市街鉄道の路面電車が旧四谷門外―新宿追分間で開業します。これに対抗して一九〇四年、甲武鉄道は飯田町―中野間で電車運用を開始しました。これに同年開始された日本鉄道の複線化工事が重なり、新宿駅では規模拡張工事が実施されます。新駅舎は従来の青梅街道側（現東口付近）から甲州街道側（現東南口付近）に移されて一九〇六年に完成しました。ホームは青梅街道側と甲州街道側に二つ存在し、事実上二つの駅のような状態だったそうです。新駅舎前には同年「葵橋」という木製の陸橋が作られ日本鉄道（山手線）との立体交差が行われました[15]。この葵橋は後年改築が進められ今日の南口の大陸橋に成長していきます。

関東大震災後の新宿の発展

明治時代までは物流の要衝とはいえ、郊外の一繁華街に過ぎなかった新宿を、東京の中核的ターミナルに押し上げたきっかけは関東大震災です。一九二三年九月一日に発生した震災は東京市全域に大きな被害をもたらしましたが、被害は東京市東部で甚大であり、西部の山の手地区の被害は相対的に軽微でした。そのため被災した住民が市西部に移住する流れが発生し、新宿の人口も急増することになりました。また現新宿区域においても東部の牛込区、四谷区以上に、西北部の大久保町、戸塚町、落合村などの人口増が顕著となった結果、一九三二年に新宿駅のある淀橋町はじめ大久保町、戸塚町、落合町が東京市に編入され、淀橋区が発足しました[16]。

また新宿の発展は居住する人口だけではなく、同地を経由する人口の増加によっても促進されました。中央線以外にも、京王電気軌道（一九一五年に新宿追分―調布間の営業開始）、小田原急行鉄道（一九二七年に新宿―小田原間開業）など新宿に接続する私鉄が次々と拡張・創業され、新宿へのアクセスは劇的に向上していきました。震災復興と、新宿への交通の集中に対応するため、新宿駅では一九二五年に甲州街道口の駅舎を廃して青梅街道口に新駅舎を新設し、構内の大改造を実施しました[17]。

こうした新宿の発展に注目し、同地への企業移転も目立つようになります。百貨店三越は震災直後から新宿追分でマーケットを開き、一九三〇年一〇月に三越デパートを新築開店しました。また一九二六年には新宿三丁目の現在伊勢丹のある場所に、ほてい屋デパートが開業しました[18]。百貨店の相次ぐ出店は既存の商店にも刺激を与え、一八八六年に繭仲買を主業として出店した高野商店は、明治時代に果実問屋へと業態を変えていましたが、震災後の一九二五年には店舗を洋風に改築し果実中心の喫茶食堂部「タカノフルーツパーラー」を開業しました。一九〇九年に本郷から移転してきたパン屋、中村屋も一九二七年に喫茶部を開設し「純印度式カリー」をメニューに加え、好評を博します。薪炭問屋を営んでいた紀伊国屋の田辺茂一が紀伊国屋書店を創業したのもこの年（一九二七年）のことです[19]。その他に新歌舞伎座（一九二九年）、ムーランルージュ（一九三一年）といった劇場も集積し、新宿は東京西郊から都心に向かう文化人、サラリーマン、学生が集う、東京随一のターミナルとしての地位を確立させていったのです。

戦争被害と戦後歌舞伎町の復興

アジア太平洋戦争期において、新宿には軍関連施設が多かったこともあり、米軍の空襲によって大きな被害を受けました。一九四二年四月にはB25による東京初空襲を受け、早稲田中学校の中学生が犠牲になりました[20]。さらに一九四五年四月、五月のB29による山手空襲では絨毯爆撃により新宿区エリアの八割以上が焼失し、死傷者約六七〇〇人、罹災者約二二万人にのぼりました[21]。同年八月の敗戦を新宿の住民は文字通り廃墟と焦土の中で聴くことになりました。

焼け野原の新宿の駅東口、西口付近では、一大ヤミ市が形成され、統制違反や暴力沙汰が半ば常態化する事態が起こりました。疎開先から帰還の遅れた商店主達のなかには土地や店を占拠されて、営業ができない事態に追い込まれる者もいました[22]。そうした混乱のさなか、戦後新宿の復興にいち早く立ち上がったのは、東口の商店主達でした。角筈一丁目北町会長を務めていた鈴木喜兵衛が一帯で始まりつつあった無秩序な開発を防ぐために、一九四五年一〇月に復興協力会を設立します。この復興協力会を母体として、一九四七年には新宿第一復興区画整理組合が設立されました。同組合による区画整理計画は角筈一丁目の一帯を、碁盤の目状ではなくT字路を多数組み合わせた独特の設計で整備し、戦災により移転した東京府立第五高等女学校（現都立富士高等学校）跡地に歌舞伎劇場を中心とする劇場、映画館等の興行集積地を建設しようというものでした。同地の大地権者であった峯島茂兵衛が所有地一六一五坪中八三六〇坪を借地人および劇場建設者に売却するなど地権者の協力も得られ、計画は軌道に乗っていきます。

同計画によって整備された旧角筈一丁目と東大久保三丁目の一部が新宿区歌舞伎町と名付けられて出発したのは一九四八年四月一日のことですが、この町名は計画されていた歌舞伎劇場に因んで東京都建設局長の石川栄耀が発案したものと言われています[23]。この歌舞伎劇場は実現しませんでしたが、同地には小林一三率いる東宝の子会社により、都内最大級の新宿コマ劇場が設置されました。コマ劇場の由来は三段の円形舞台がコマのように回りながらせり上がる仕掛けにありましたが、同劇場の周囲には映画館が多数集積し、歌舞伎町を代表する施設となったのです[24]。コマ劇場は二〇〇八年に営業を終え、その後同地には二〇一五年に新宿東宝ビルが建設されました。屋上では東宝映画を代表する怪獣ゴジラが街を守護するかのように睥睨しています。

戦後「民衆駅」の建設

戦後一九四七年に東京都による区画整理・統合策にもとづき四谷区・牛込区・淀橋区の三区が合併して今日の新宿区が誕生しました[25]。同年より空襲被害を受けた新宿駅の復旧工事も開始されましたが、一九五四年に区と区議会により開催された新宿区総合発展計画促進会において、後述する淀橋浄水場移転と並び、新宿駅改造促進が区の街づくりの重要課題として提起されました[26]。この議論のなかで新宿駅でも東京駅等に続く形で、「民衆駅」方式による駅舎の新築計画が浮上しました。まず一九五八年に高島屋がデパートを出店させることを前提に駅ビル計画への参加を表明しました。しかしこれに対して地元の商店会や競合デパートが反対運動を展開した結果、高島屋の参加は取りやめとなり、当初計画よりも地元商店の出店に多くのスペースを割く形で一九六四年五月、新宿ステーションビルが誕生しました。この駅ビルは中央線、山手線、総武線、小田急線、京王線、地下鉄線に加えて西武線の乗り入れを想定して「虹のターミナル」と称されましたが、西武線の乗り入れは残念ながら実現しませんでした。ビルの運営は株式会社新宿ステーションビルであり、社長に参議院議員の井野碩哉、会長に地元選出の浜野茂が就任しています(27)。この駅ビルは一九八八年に大改装を行って「MY・CITY」となり、その後二〇〇六年に同社がJR東日本グループのルミネに合併された結果、「ルミネエスト」に名称変更し、今日に至っています。

西新宿の開発から都庁移転へ

戦後の高度経済成長期のなか、膨張する新宿に最後に残された開発地面が淀橋浄水場でした。同地の開発も前述の新宿区総合発展計画促進会以降議論が本格化します。促進会では浄水場跡地開発のプランを一九五六年に懸賞付きで公募した結果、当時建設省の若手官僚であった青江邦良外四名の作品が一等を獲得しました。この案は西新宿に新たなビジネス・センターを作ることを目指したもので、以後この案に沿って浄水場跡地開発が進められていくことになりました(28)。事業は新宿副都心建設公社によって推進され、一九六五年三月に淀橋浄水場は機能を停止し、東村山に移転しました。跡地は十一区画に分けられて入札方式で売却されました。一九六五年に実施された第一回の七号地の入札こそ不成立に終わりましたが、やや条件を緩和した六七年以降の入札において順次売却が成立して行きました[29]。その後一九七一年に超高層ビル第一号となる京王プラザホテル（六号地）が開業し、その後順次新宿三井ビル（九号地）、新宿住友ビル（八号地）、安田海上火災ビル（現損保ジャパン日本興亜本社ビル：十一号地）、新宿野村ビル（十一号地）、新宿センタービル（十号地）など二〇〇ｍを超える超高層ビル群が次々と建設されました。これらの超高層ビルの関連企業である小田急電鉄、京王帝都電鉄、住友不動産、第一生命、三井不動産の五社は一九六八年にＳＫＫ（新宿新都心開発協議会）を結成し、「理想的な新都心の実現」を目指してビルの高さ制限（二五〇ｍ以内）や空地率（最低三〇％）等をさだめた建築協定を一九七一年に結ぶなど、民間会社グループによる街づくりに取り組んでいます[30]。

新宿が「副都心」から「新都心」となった決め手は一九九一年の東京都庁移転です。それまで丸の内にあった都庁舎は老朽化が進み、移転が検討されていましたが、西新宿には都有地街区がありましたので、同地が移転候補地として浮上しました。新宿区議会が一九七〇年都庁新宿移転要望の運動を開始し、一九七九年に当選した鈴木俊一都知事が新宿移転に前向きな姿勢を示した結果、構想は現実化し、一九八五年都議会は都庁舎新宿移転を決定しました。設計は建築家丹下健三の研究所に依頼され、一九九一年より新庁舎の業務が開始されたのでした[31]。

［註］

(1)夏目漱石『硝子戸の中』（一九三三年）引用は岩波文庫版、五五〜六〇頁。
(2)新宿区役所『新宿区史』（一九五五年）四七七頁。
(3)前掲『新宿区史』四八〇頁。
(4)新宿の歴史を語る会『新宿区の歴史』（名著出版、一九七七年）一四一〜一四二頁。
(5)芳賀善次郎『新宿の今昔』（紀伊国屋書店、一九七〇年）一一一頁。
(6)前掲『新宿区の歴史』一四六〜一四七頁。
(7)国友温太他『新宿・世界の繁華街』（新宿区観光協会、一九八〇年）一七頁。
(8)四谷区役所『四谷区史』（四谷区役所、一九三四年）七二九頁。
(9)前掲『新宿区史』四九二頁。
(10)前掲『新宿区史』五〇一頁。
(11)『新・信濃原の郷土史』編纂委員会『新・信濃原の郷土史』（聖教新聞社、一九九五年）五九頁。
(12)前掲『新・信濃原の郷土史』二四一頁。
(13)前掲『新宿の今昔』一二九頁。
(14)前掲『新宿の今昔』一三四〜一三五頁。
(15)前掲『新宿の今昔』一四四〜一四五頁。
(16)前掲『新宿区史』五一八頁。
(17)武英夫『内藤新宿昭和史』（紀伊国屋書店、一九九八年）一八〇頁。
(18)前掲『新宿・世界の繁華街』三一頁。
(19)前掲『新宿・世界の繁華街』三三頁。

(20)原卓也編『目で見る新宿区の一〇〇年』（郷土出版社、二〇一五年）七五頁。
(21)前掲『目で見る新宿区の一〇〇年』一〇二頁。
(22)新宿区『新宿区史　区成立50周年記念　第2巻』（一九九八年）四七〇頁。
(23)歌舞伎町商店街振興組合編『歌舞伎町の六〇年』（歌舞伎町商店街振興組合、二〇〇九年）二八～二九頁。
(24)前掲『歌舞伎町の六〇年』三四～三五頁。
(25)前掲『目で見る新宿区の一〇〇年』一一三頁。
(26)新修新宿区史編集委員会編『新修 新宿区史』（東京都新宿区役所、一九六七年）二五四頁。
(27)前掲『内藤新宿昭和史』（紀伊国屋書店、一九九八年）一八一頁。
(28)前掲『新修 新宿区史』二五六～二六三頁。
(29)前掲『新宿区史　区成立50周年記念　第2巻』四七九頁。
(30)前掲『新宿区史　区成立50周年記念　第2巻』四八〇頁。
(31)前掲『新宿区史　区成立50周年記念　第2巻』四八八～四八九頁。

第五章　中野駅前の大開発

——鉄道大隊からサンモールまで（東中野駅〜中野駅）

中野停車場に到着する鉄道大隊（絵葉書）

丸井中野店（絵葉書）

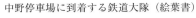

それから約三十分の後には、彼は中野の通りを歩いてゐた。新しく出来た六間道路とその辺の者が呼んでゐる通りには、まだギャレッヂと雑誌屋と玉突場とがあるきりだつた。そのほか寿司の屋台が出てゐる日があり、今日はそれは見えなかつたが、四五本の柱にトタン屋根を張つた、一時拵への氷店が出来てゐた。長さ二町ばかりの、その暗い湿つぽい通りに、今挙げたホンの三四軒の店屋が所々にあるのは、まるで蛍でもゐるやうな感じだつた。

中原中也「古本屋」(1)

詩人、中原中也の「古本屋」には、昭和初期と思われる中野の風景が登場します。一九〇七年に山口県で生まれた中原は、京都の立命館中学の在学を経て一九二五年に上京します。上京後住居を点々とし、中野に住んだ期間も一九二五年から短い間であったと思われますが、変化の激しい中野の街並みを作品に取り上げています(2)。中原中也の住んだ街、中野は近代においてどのような発展の歩みを進めていったのか、見ていきましょう。

中野駅の設置

一八八九年の甲武鉄道開業時に始発の新宿駅から最初の停車駅として設置されたのが中野駅です。駅が置かれた中野村は一八八九年に中野・本郷・本郷新田・雑色村を合併して作られた村です(3)。中野は青梅街道の宿場として、街道沿いに並ぶ妙法寺、宝仙寺等への参詣客を集めて江戸時代には賑わいを見せていましたが、甲武鉄道の置かれた野方村との境に近い駅付近は、当初

「草蓬繁き村端れに設けられた一小駅に過ぎ」ない光景であったといいます[4]。中野村が甲武鉄道の誘致に積極的に動いたという記録は見当たらず、むしろ当初青梅街道と宮園通り（現大久保通り）の間を東西に貫く計画であったのに対して、地元村民らが「鉄道は村を衰微せしむ」と頑強な反対運動を展開した結果、大きく北に迂回する形で現在の路線と駅位置になったものと伝わっています[5]。しかし結果として甲武鉄道開業によって妙法寺、宝仙寺への参詣客の人の流れが変化したため、青梅街道沿いの鍋屋横町の茶店や団子屋が寂れていったと伝えられています[6]。この付近には現在地下鉄丸ノ内線「新中野駅」がありますが、本来この辺りがかつて中野村中心部であったというのは興味深いことです。

鉄道隊の進出

このようにのどかな郊外駅であった中野駅にとって最初の転機となったのは、同地への鉄道隊の進出でした。駅北口現在の中野四丁目一帯は、かつて囲町と呼ばれていました。これは江戸時代、将軍徳川綱吉がこの地に「生類憐みの令」による犬の保護施設を作ったことに由来しています。明治時代になると、この地には陸軍関係の施設が置かれるようになります。甲武鉄道開業後の一八九七年に陸軍の鉄道隊、電信隊、気球隊兵舎がこの地で創設されました[7]。この鉄道隊は一九〇〇年の義和団事件で中国に出動し、破壊された北京―天津間の鉄道修理をイギリス・ロシアの鉄道隊と協力して実施したほか[8]、一九〇四年の日露戦争に際して京城―鴨緑江岸義州まで、さらに鴨緑江対岸安東から奉天までの鉄道建設に従事しました[9]。その後鉄道隊、気球隊は千葉県に移転し、電信隊も後に第一電信連隊と改称された後、移転しました。その後一九四三年に防諜の観点から情報要員を養成する後方勤務要員養成所が旧電信隊跡に移転し、一九四四年には「陸軍中野学校」と名称変更され、一九四五年四月まで同地で活動しました[10]。

鉄道隊の進出が中野の発展に与えた影響は大きく、同一八九七年に中野は町制を施行しました。また後年のことですが一九二七年、中野区北側に建設された西武村山線（現西武新宿線）の敷設作業は、千葉移転後の鉄道第一連隊による演習作業として実施されたものです。敷設作業中は古巣である中野の電信第一連隊に臨時駐屯して作業が行われました[11]。

電車運転化の実現と東中野駅の設置

中野駅沿線二つ目の転機となったのは中央線の電化です。一九〇四年に甲武鉄道は飯田町―中野駅の電車運転を開始します（同年御茶ノ水まで延伸）。さらに一九〇六年には中野―新宿間の複線化が完成し、中野駅を東京市中心部に直結させることとなりました[12]。その後吉祥寺まで電車運転が開始されたのは一九一九年であったため、中野駅は約一五年間に渡って都心方面への電車始発駅であったことになります。電車化は運転間隔を劇的に改善し、一九〇六年時点で六分間隔、運行速度も中野―御茶ノ水間を二八分で運行しました[13]。これによって中野駅の乗客数は劇的な増加を示したのでした。また電車運転化は駅間距離の短縮を可能にする効果もあるため、一九〇六年には柏木停車場が電車専用駅として開業しました（一九一七年に東中野駅と改称）[14]。中野村の人口も、一九〇六年に七三九七人であったものが、一九一五年には一二五七七人に達し、軍人、官公吏、学校教員、弁護士、医師等の知識階層の居住が増えていきました。

中野駅の移設と駅前開発

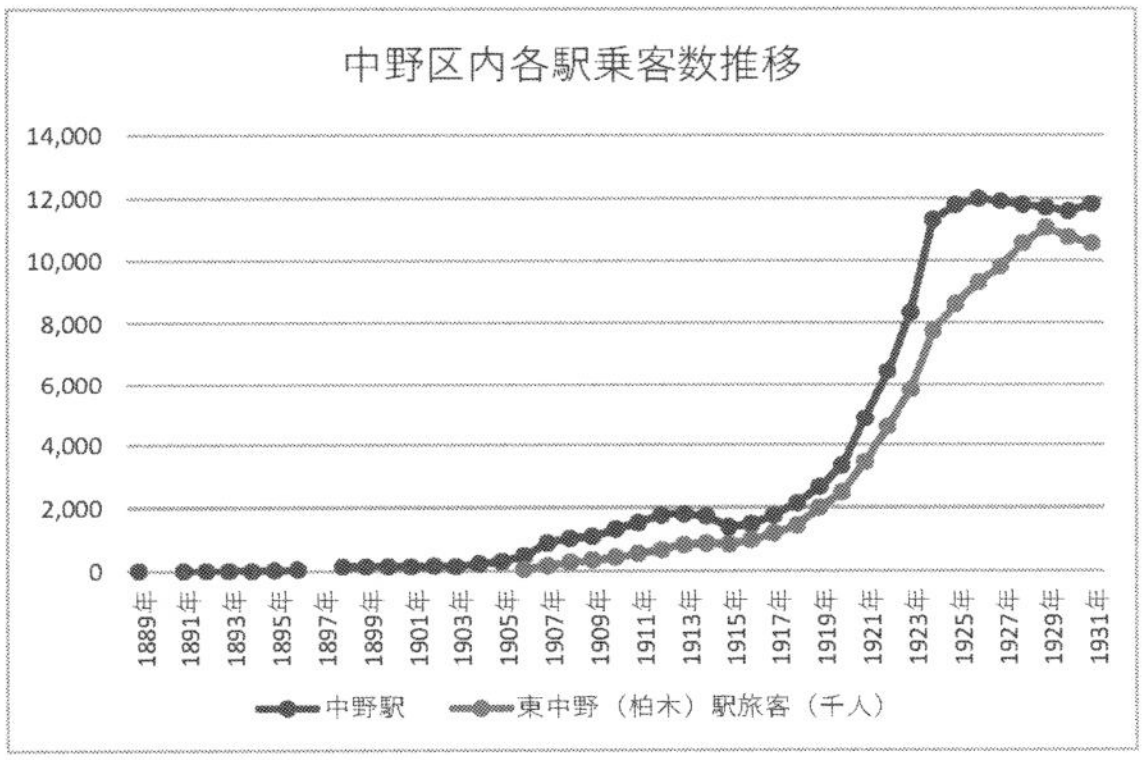

『中野区民生活史』一・二巻より

中野駅前における三つ目の転機は一九二九年における駅舎の改築・移転です。中央線で最も古い駅であった中野駅はそれまでも数度の拡張工事が行われてきましたが、乗車数の増加に構内の拡張が追い付かず駅舎の全面改装を行うこととなり、同時に駅舎の位置を移動させる計画が浮上しました[15]。設置当初の中野駅は現在よりも約一〇〇m西側にあり駅舎は南口のみで現在の桃園通りが駅前通りとなっていました。北口は存在せず、駅舎北側正面に鉄道隊・電信隊が立地したため北口側の開発余地も限られている状況でした。そうしたなかで昭和初頭に現在の中野通りを陸橋化して中央線と立体交差させる構想が浮上したのです。これに対して近隣の商店主達は陸橋による粉塵被害を懸念する運動を起こして鉄道省と交渉を重ね、陸橋方式から地下道方式への計画変更を勝ち取りました(16)。

しかし地下道になった場合でも中野通りと北側一帯の商店の高低差が問題となります。当時の北口一帯は現在よりも高台になっており、地下道からみて北側の商店が高台に取り残されるような形になることが懸念されました。そのため北側の商店主や地主たちは思い切った行動に出ました。北側一帯の地面を地下道に合わせて「かさ下げ」して商店街と中野通の高低差を解消するとともに、それまで商店から見て南西部にあった駅を中野通り東側に約一〇〇m移動させて商店街を駅の正面に位置するようにしたのです(17)。これによって従来南口だけだった中野駅に北口も設置されることになりました(18)。

この北口一帯の大規模な「かさ下げ」工事は、地元地主や商店主たち自らの作業によって一九二八年から三〇年にかけて実施されました。大工事を実現した駅北側の中野通り沿いの商店街「北盛会」と、一本東側の中通りの「中新会」はその後合同して「中盛会」を結成し、北口商店街を形成していきました。これが、今日の中野北口美観商店街のルーツになります(19)。「中盛会」はその後も中通り（現サンモール）の延伸を目指し、一九三七年には現在のブロードウェイ入口まで通りを延長し、両側用地を新規出店者に分譲しました。この分譲収入を中野厚生会館の建設等、その後の商店街活動の原資にしていきました(20)。冒頭の中原中也の随筆で描かれた中野の風景はこの時の再開発の進む中野の風景であったと考えられます。「新しく出来た六間道路」とは拡幅された中野通りを指すものでしょう。

このように昭和初期の中野においては北口側の開発が目立ってしまいますが、南口側において見逃せないのは「丸井」の創業です。「丸井」は月賦販売商丸二商会の青井忠治が一九三一年当初桃園通りにあった中野支店を譲り受けて独立したことに端を発します。青井は家具を手始めに洋服・呉服の月報販売を拡張し、一九三五年から「丸井」をなのり、翌三六年に中野本店を駅前通りに移して新築しました[21]。その後も阿佐ヶ谷、吉祥寺など中央沿線を中心に店舗を展開していった丸井は、アジア太平洋戦争期に一時廃業しますが、戦後復活して中央沿線を代表する商店として成長していきました。そのルーツは中野にあるのです。

戦後中野駅前の開発と発展

昭和の初期に大工事を実施して発展していった中野駅前ですが、アジア太平洋戦争期から戦後初期にかけては苦難の時代を経ることとなります。戦争末期の一九四五年、中野駅北口の商店約二〇軒が建物疎開で退去を迫られ、店も取り壊されました。疎開跡地には戦後露天商が集まり、いわゆる「ヤミ市」が広がったために、元の商店主達が戻れない事態も起こったのです[22]。中野駅前のヤミ市では中野学校跡地に駐屯したGHQ駐屯軍倉庫から合法・非合法に流出する物資が公定価格の数倍～数十倍の価格で取引され、隆盛を見せましたが、一九四九年に中野駅前広場計画が動き出すと、露天商の立ち退きが進められていきました[23]。

一方既存の商店街は一九五三年五月に中野区商店街連合会を結成して復活への取り組みを始めます。中野北口美観商店街は一九五六年に仲通りのアーケード建設計画を開始し、五八年にアーケードを完成させました[24]。さらに一九五九年商店街有志によって中野駅北口開発委員が結成され、仲通りの昭和通り（現早稲田通り）までの延伸に取り組みました。委員会は一九六〇年に中野北口開発株式会社に改組されます。しかし延伸予定地には元陸軍大将乃木家縁の土地が含まれており、買収交渉が難航した結果、事業はコーポ販売株式会社に譲渡されました。その後同社が間組に依頼して一九六六年、同地に完成させたのが大型商業ビル、中野ブロードウェイだったのです[25]。ブロードウェイは地下一階から四階までは核店舗二店を含む約三六〇店舗を収容し、五階から一〇階までは約二二〇世帯に及ぶ住居を分譲しました。住居部には青島幸男や沢田研二が居住するなど高級マンションとして人気を博することとなりました。その後管理を巡ってコーポ販売株式会社と住民・店舗が対立し、一九七三年以降管理組合による自主管理方式という方法で運営される大型ビルとしても注目を集めました[26]。

中野ブロードウェイの完成によって、仲通りを歩く買物客が建物を抜ける形で早稲田通りに出ることが可能になりました。さらに北口美観商店会は一九六六年、北口仲通りと白線道りの路面を大理石舗装し、アーケード内部の照明を従来の九倍のルクスを持つシャンデリアに交換して対抗したのです。仲通り商店街の大理石舗装完成のセールは一九六六年三月一六日の地下鉄東西線の「竹橋―中野開通」のタイミングに合わせて実施され盛況を博しました[27]。

その後中野駅前には一九六八年に中野区役所新庁舎が完成し、一九七三年六月には全国勤労青少年会館（中野サンプラザ）が開館するなど益々発展していきました。北口美観商店会もそれに負けじとアーケードの更新を決定し、一九七五年一一月、全長二二五m、幅五・五m、天井ルーバー付全面アーケードを落成させます。新しいアーケードには愛称が公募され、今日の「サンモール」に決定されたのでした(28)。

［註］

(1) 中原中也「古本屋」（『新編中原中也全集　第四巻　評論・小説』角川書店、二〇〇三年所収）参照は青空文庫 https://www.aozora.gr.jp/cards/000026/files/55782_64955.html
(2) 吉田凞生『評伝中原中也』（東京書籍、一九七八年）参照は講談社文芸文庫版二九三頁年譜。
(3) 関利雄・鎌田優『中野区の歴史』（名著出版、一九七九年）八三頁。
(4) 東京都中野区役所編『中野区市下巻二』（東京都中野区役所、一九五四年）三二一頁～三二二頁。
(5) 中野区民生活史編集委員会編『中野区民生活史　第一巻』（中野区、一九八二年）一五三頁。
(6) 前掲『中野区民生活史　第一巻』一五九頁。
(7) 前掲『中野区の歴史』一〇〇頁。
(8) 岩淵文人編『鉄道大隊』（一九九八年）一〇頁。
(9) 前掲『鉄道大隊』一六頁。
(10) 関利雄・鎌田優『中野区の歴史』（名著出版、一九七九年）一〇一頁～一〇四頁。
(11) 東京都中野区『中野区史 昭和編二』（東京都中野区、一九七一年）一六六頁～一六七頁。
(12) 前掲『中野区民生活史　第一巻』一九七頁。

(13)前掲『中野区民生活史　第一巻』一九九頁。
(14)前掲『中野区の歴史』一三五頁。
(15)中野区民生活史編集委員会編『中野区民生活史　第二巻』（中野区、一九八四年）五三頁。
(16)記念誌編集委員会編『サンモールの歩み』（中野さんモール商店会、一九八九年）一七頁。
(17)前掲『サンモールの歩み』一七頁～一八頁。
(18)中野町教育會編『中野町誌』（中野町教育會、一九三三年）三四一頁。
(19)前掲『サンモールの歩み』一八頁。
(20)前掲『サンモールの歩み』二五頁～二六頁。
(21)前掲『サンモールの歩み』二八頁。
(22)前掲『サンモールの歩み』二九頁。
(23)前掲『サンモールの歩み』三二頁～三四頁。
(24)前掲『サンモールの歩み』三八頁～四〇頁。
(25)前掲『サンモールの歩み』四一頁～四五頁。
(26)総合工房ＣＡＰ・坂本一郎『ブロードウェイ　自主管理一〇年のあゆみ』（ブロードウェイ管理組合、一九八四年）六〇頁。
(27)前掲『サンモールの歩み』四五頁～四七頁。
(28)前掲『サンモールの歩み』四九頁～五一頁。

第六章「阿佐ヶ谷文士」と杉並区
（高円寺駅〜西荻窪駅）

堀之内妙法寺（絵葉書）

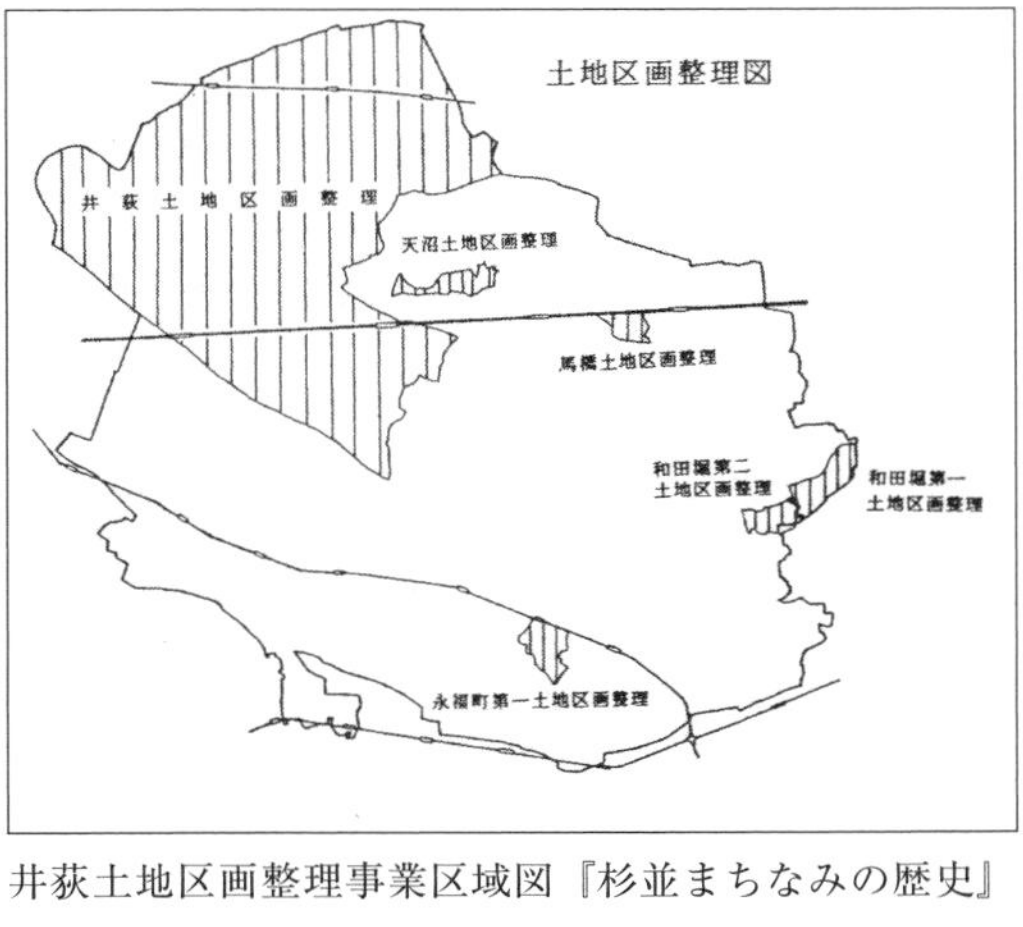

井荻土地区画整理事業区域図『杉並まちなみの歴史』より

荻窪の天沼八幡様前に、長谷川弥次郎という鳶の長老がいる。（中略）弥次郎さんの話では、関東大震災前には、品川の岸壁を出る汽船の汽笛が荻窪まで聞こえていた。ボォーッ……と遠音で聞こえ、木精は抜きで、ボオーッ……とまた二つ目が聞こえていた。（中略）荻窪から品川の岸壁まで、直線距離にして四里内外である。汽笛の音の伝播を妨げるものは、当時としては武蔵野の名残をとどめるクヌギ林のほか、ケヤキの大木、ヒノキの森、スギの密林ぐらいなものだろう。汽笛の音なら聞こえていた筈だ。それが大震災後、ぱったり聞こえなくなったという。

井伏鱒二『荻窪風土記』(1)

井伏鱒二は一九二七年の初夏、牛込鶴巻町（現早稲田鶴巻町）の下宿屋から荻窪に移り住みました。転居の理由として「当今、最新の文壇的傾向として、東京の文学青年の間では、不況と左翼運動とで犇き合う混乱の世界に敢て突入するものと、美しい星空の下、空気の美味い東京郊外に家を建て静かに詩作に耽るものと、この二者択一を選ぶ決心をつけることが流行っている。人間は食べることも大事だが、安心して眠る場を持つことも必要だ。自分は郊外に家を建て、詩作に耽りたい」(2)と説明されています。今日若者にも人気の繁華街を抱え、賑わう高円寺、阿佐ヶ谷、荻窪、西荻窪一帯の街並みから井伏が描いたような武蔵野の風景を再現することは難しいように思われます。甲武鉄道開業時にはのどかな農村であった杉並地域がどのようにして今日の賑わいを得たのか、そして井伏のような文化人がなぜこの地に集まることが多くなっていったのか、その過程をたどってみたいと思います。

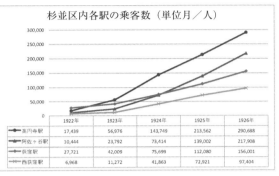

荻窪駅の設置

すでに述べましたように、甲武鉄道開業当時の駅は新宿、中野、境、国分寺、立川の五駅、つまり現在の杉並区内には駅が一つも設置されていなかったことになります。荻窪駅が設置されたのは甲武鉄道開業から二年遅れて一八九一年一〇月のことでした。設置された場所は井荻村の東端である下荻窪です。井荻村は一八八九年に上井草、下井草、上荻窪、下荻窪の四カ村が合併して成立した村で、下荻窪はその東端に位置していました。荻窪の地名の由来は、かつて善福寺川沿いの窪地に荻の花が多く自生していたことから来たものと言われていますが[3]、当時の下荻村はまだ人家も少ない純農村であり、付近の農家は秋になると、大根やさつまいもといった農作物を大八車に積んで、青梅街道沿いに神田・京橋などの市場に出荷する生活を送っていました[4]。

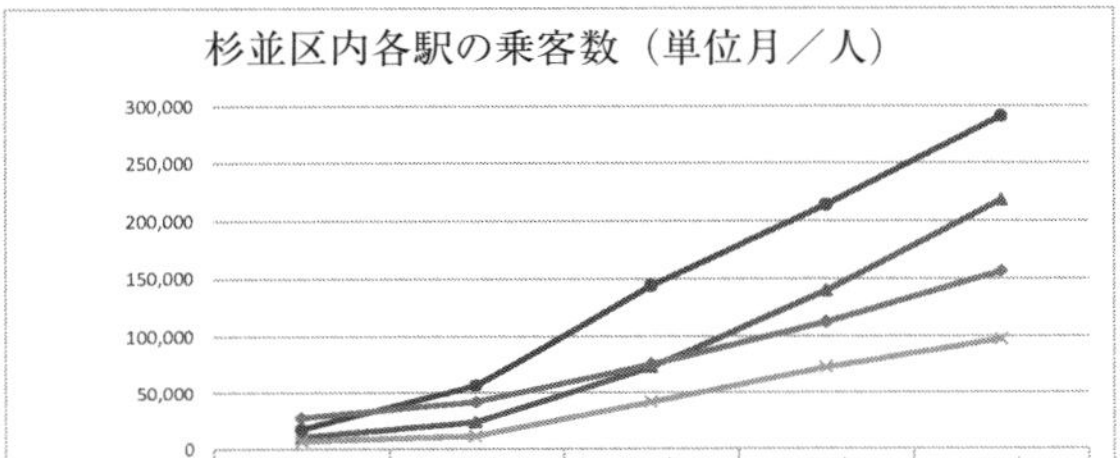

	1922年	1923年	1924年	1925年	1926年
高円寺駅	17,439	56,976	143,749	213,562	290,688
阿佐ヶ谷駅	10,444	23,792	73,414	139,002	217,908
荻窪駅	27,721	42,009	75,699	112,080	156,001
西荻窪駅	6,968	11,272	41,863	72,921	97,404

『新修　杉並区史（下巻）』５０１頁より作成。

井荻村の中心部から離れた下荻窪に駅が設置された理由は、ここが甲武鉄道と青梅街道の交差点に当たっていたからだと考えられます。また当時青梅街道沿いには千川上水から分流された水が農業・生活用水として流れており、それが荻窪駅北口前にも流れていたという証言があることから、蒸気機関車用の用水事情も満たされた場所であったことがわかります[5]。このような地の利に注目したのは甲武鉄道側であり、後述する杉並区内の他の駅と異なり荻窪駅の場合は地元の要望というよりも、甲武鉄道主導で設置した駅であったようです。ですので、駅の敷地は主に地主の宇田川治郎吉、加藤佐五左衛門、加藤益五郎や地元寺院の光明院が提供したものと言われていますが[6]、彼らのなかには用地の寄付に生活上の不安を覚えた者もいたようで、南口側の用地を寄付した加藤佐五左衛門は用地二反歩献納の替わりに駅前の待合茶屋の営業権を得ています（ソバ屋「稲葉屋」として一九八一年まで営業）[7]。

こうして開業した荻窪駅ですが、開業当初は地元の農家にとっては「汽車の発車時刻を待っているうちに新宿まで歩いて行ける」、「汽車に乗るのはお大尽か旅の人」といった感覚であったそうです。むしろ同駅は杉並村や井荻村で生産された大根（沢庵漬にされて軍に出荷されることも多かった）をはじめとする農作物の積み出し駅として、また新宿方面から建築資材や金肥・日用雑貨が輸送され近隣から青梅街道筋に積み出されていく貨物駅としての機能が強かったと言われています（荻窪駅での貨車扱いは一九六四年に中止）[8]。荻窪駅の乗客が増加していったのは電化が実現し、関東大震災後に沿線人口が増加していって後のことです。沿線人口の増加により住民から北口開設の要求が高まった結果、一九二八年に北口が開設されました[9]。

阿佐ヶ谷駅・高円寺駅の設置

杉並区域の駅は明治期には、荻窪駅一駅という時代が続きますが、大正時代に入った一九二二年に阿佐ヶ谷駅、高円寺駅、西荻窪駅が次々と設置されました。新駅設置の背景にあったのは、技術的には一九一九年に実現した中野〜吉祥寺間の電化実現です。電車化によって加速・減速時間と距離を短縮でき、駅間短縮が可能になりました。また荻窪駅設置時点では鉄道駅の恩恵意識が希薄であった沿線住民も、この時期には駅設置を熱望する住民が増えていました。この時点で沿線は東部が杉並村、西部が井荻村であり、前述のように井荻村の東端、杉並村との村境付近に荻窪駅のみ設置されている状態でしたから、新駅設置は両村の大字、つまり旧村単位での誘致合戦という形で展開することになります。

杉並村のなかで中央線にかかる大字は高円寺、馬橋、阿佐ヶ谷（そして天沼）でしたが、当初誘致濃厚であったのは馬橋であったようです。同集落は既設の中野駅と荻窪駅のちょうど中間地点にあたっていたため、「将来新駅を設置の場合は、中野荻窪間二、四哩の中間地点にする」と内示を受け、地元有力者の浅賀源太郎らが音頭を取り、駅予定地に接続する道路（馬橋通り）を建設するなど準備を進めていました[10]。しかしこの動きを察知した阿佐ヶ谷の相沢喜兵衛、松永金蔵らは用地寄付の準備を整えたうえで、阿佐ヶ谷に居住していた古谷久綱代議士を通じて誘致運動の態勢を強化しました。ここで古谷は中野―荻窪間に一駅であれば阿佐ヶ谷の位置はバランスが悪いため、同区間に二駅を申請する方針を発案し、隣の高円寺村にも相談し、地元選出の高木正年議員の応援も得て、交渉を行いました[11]。高円寺でもこれに応じて伊藤兼吉と大谷豊次郎が六〇〇坪の用地を準備して誘致に加わったため、新駅は高円寺、阿佐ヶ谷の二駅に決定することとなったのです[12]。駅実現に感謝した地元住民は駅の南口から青梅街道に通じる道が、古谷久綱の自宅に通じる道でもあったことから「せめて先生のお抱え人力車が通れるように」と感謝の意を込めて拡幅し三間道路にした（現南口パールセンター通り）と伝えられています[13]。一方で残念なのは馬橋の住民で、当初は鉄道省から内示を得ておきながら用地提供等での意見の集約が遅れた結果、阿佐ヶ谷、高円寺に先んじられる結果となってしまいました。誘致を主導した浅賀源太郎の心中は察するに余りありますが、彼はその後も高円寺駅前開発に協力し、同駅南口から青梅街道に抜ける駅前通りの整備に尽力したそうです[14]。

同時に二駅実現した阿佐ヶ谷駅、高円寺駅の不安は乗客数確保でしたが、新駅設置翌年の一九二三年に関東大震災が発生し、首都圏人口が西漸したことも影響し、沿線の居住人口は順調に増加していきました[15]。関東大震災で被災した浅草の飲食店が高円寺駅付近に仮移転してきたことも高円寺の繁華街としての発展に一役買うことになりました[16]。高円寺駅の南側では一九三一年に天沼区画整理組合が発足し、桃園川流域の水田と低湿地を住宅地に造成しました。事業の竣工は一九三八年で、以後付近は住宅街として急速に発展していきました[17]。

西荻窪駅設置と土地区画整理

西荻窪駅については当時の井荻村村長であった内田秀五郎の指導力のもとで一本化された誘致

活動が展開され、一九二二年に開業されたものとされています[18]。駅の敷地については寄付が必要となり、内田自らのほか地域有力者の寄付金五九一七円を集め、うち五九〇〇円で敷地を購入して寄付しました。この時寄付を行った有力者のなかには井荻村住民のほか、同村に別荘を保有していた有馬頼寧らの名も見ることができます[19]。これによって一九二二年七月一五日に西荻窪駅が開業に至りました。

こうして駅の誘致に成功した内田秀五郎は、これに満足せず、続いて村の開発に向けて次々と手を打っていきました。まずは井荻地域の区画整理事業です。この事業は関東大震災後に人口が増加する井荻村の環境変化をみた内田が一九二四年四月に提案し、二五年三月に井荻村土地区画整理組合を設立して事業を進めたものでした。村内には区画整理事業費や減歩の負担や、事業期間中の土地取引の制約を懸念して反対する住民も多く、特に西荻窪駅に最も近く土地取引が活発化していた旧上荻窪村の上荻地区が一時組合から脱退するということもありましたが、後に同地区も組合に復帰し、湿田の埋め立てや農地を含めた区画の碁盤目状の整備を含めた事業を一九三二年に完成し、換地精算業務も一九三五年に完了しました[20]。減歩率は七％でしたが小規模地主の土地が減らないよう配慮され、工事費は減歩地の一部と地租帳簿面積と実測値の差額である「なわのび」分の土地を販売することで調達されました[21]。

その後井荻村は、一九二五年に軍用航空機製造会社である中島飛行機東京工場を誘致し、地域の発展を目指します。同工場は航空機エンジンの生産ラインを担当し、三菱重工の「零戦」のエンジンである「栄二一型」もこの工場で開発・製造されました。同工場では最盛期には約五〇〇〇名が勤務し、工場周辺に小学校、郵便局、消防署、警察署、病院が次々と立地し、地域のインフラが工場を中心に整えられていったのです[22]。またこれも内田村長の主導で建設され一九三二年から給水が開始された井荻町営水道についても建設資金の一部を中島飛行機が拠出しています。

文士村の誕生

冒頭の井伏鱒二に代表されるように、電化以降の杉並区域には数多くの文化人、著名人が居住する、あるいは別荘を構えるようになりました。その背景として井伏は「その頃（昭和初期：引用者注）、文学青年たちの間では、電車で渋谷に便利なところとか、または新宿や池袋の郊外などに引越して行くことが流行のようになっていた」[23]と述べています。当時新宿付近では文学運動も盛んであり、井伏も「その頃（昭和四年頃）、新宿の紀伊国屋から『文芸都市』という小説の新人を集めた雑誌が出ていた。その同人は私の記憶しているところでは阿部知二、梶井基次郎、古沢安次郎、舟橋聖一、尾崎一雄、井伏鱒二、雅川滉、浅見淵などであった」[24]というように新宿は新進文学者の集う街でもあったことから電車導入以降の中央沿線は神田や新宿といった都心部への交通の便も良く、一方で当時は適度に自然に恵まれた郊外ということから、文学者たちに好まれたものと言えるでしょう。

また居住地となった地域でも文学者たちが交流を深める場が形成されました。代表的な存在が井伏も参加した阿佐ヶ谷将棋会です。「阿佐ヶ谷将棋会は、荻窪、阿佐ヶ谷に住む文学青年の会で、外村繁、古谷綱武、青柳瑞穂、小田嶽夫、秋沢三郎、太宰治、中村地平などが会員であった。それが毎月会合し、後になると（昭和十五年頃）浅見淵、亀井勝一郎、浜野修、木山捷平、上林暁、村上菊一郎など入って来た。元は阿佐ヶ谷南口の芋屋で兼業する将棋会席を会場に借りていたが、人数が殖えると阿佐ヶ谷北口のシナ料理ピノチオの離れを借りて将棋を指し、会が進むとピノチオの店で二次会をするようになった」(25)と述べられているように、阿佐ヶ谷界隈は文学者たちの交流の場ともなっていったのです。

文学者の他にも一九三七年に公爵近衛文麿が荻窪駅南側斜面の高台に「荻外荘」と名付けられた邸宅を構え、同年六月に総理大臣となってからは、新聞報道などを通じて荻窪の地名が一躍世に知られることとなり、高級住宅地としてのイメージが広まったのでした(26)。

荻窪駅前広場と天沼陸橋の建設

アジア太平洋戦争期、空襲による火災と、これによる鉄道への被害を懸念した政府は主要鉄道路線の周辺の建物を取り壊す建物疎開を実施します。荻窪駅付近においても中央線の両側一五mの建築物が取り壊されました。建物疎開によって作り出された駅前空間は、終戦後は闇市と呼ばれたマーケット空間として賑わいを見せることとなりましたが、その後は再開発のための貴重な空間と見なされるようになりました。一九四六年に戦災復興院がこの疎開跡地を駅前広場計画地域に指定し、北口の駅前広場が建設されることとなりました[27]。その後北口側では一九七八年に戦後のマーケット跡地や廃止された貨物施設などを用いた荻窪駅北口地区市街地再開発事業を都市計画決定し、地上八階、地下三階の再開発ビル（タウンセブンビル）と駅ビルである「荻窪ルミネ」を一九八一年に竣工させました[28]。一方南口では住民から再開発計画が個人の財産を侵害する憲法違反であるとする訴訟が起こされた結果、計画が大幅に遅延し、北口に比べると再開発は遅れる結果となりました[29]。

また青梅街道と中央線の交差点に当たる荻窪駅付近では、電車化による運行本数の増加と自動車の増加により、踏切渋滞が徐々に深刻化していきました。これを解消するために一九四二年に青梅街道が中央線を陸橋で乗り越える形の立体交差事業が開始されます。建設途中の陸橋が一九四四年に米軍機の爆撃で破壊される事態も起こりましたが、戦後に工事が再開され、一九四八年に天沼陸橋として完成しました[30]。天沼陸橋の完成により踏切渋滞の問題はいち早く解消しましたが、その結果後年の複々線化事業の際に、荻窪付近の高架化が出来ないという新たな問題が浮上することとなりました。この点については沿線住民も高架賛成と反対で意見を集約することができず、結果として今日に至るまで荻窪駅付近が高架化されない原因となっています[31]。

戦後の人口増加と杉並区

関東大震災後に宅地化が進み、昭和初期に工業化が進んだ杉並区は、アジア太平洋戦争後には再び宅地化が進み居住人口を膨らませていきました。一九五〇年には三二・六万人であった人口が、一九七五年には五六万人にまで増加したのです[32]。増加人口の内訳を見ると二〇代人口の伸びが突出しており、この間持ち家比率も低下して借家・借間に住む居住者が多数を占めるようになりました。つまり杉並区は進学や就職で上京してきた若者が賃貸で居住する街としての位置を占めるようになったのです[33]。

通勤・通学人口の増加は中央線の慢性的な混雑を産むことになります。国鉄は一九五七年の第一次五ヶ年計画で「東京―三鷹間」の複々線化を計画しましたが財政上の理由から立ち消えとなり、替わりにオレンジ色の高性能通勤電車を一九五七年一二月から投入します。しかしこれによっても一九六〇年時点の中央線ラッシュ時の混雑率は二八六%と報じられたように混雑の緩和には結びつかず、一九六一年の新五ヶ年計画によって中野―三鷹間の複々線化に踏み切ることとなりました[34]。この計画には荻窪駅の大改修も含まれており、その点では沿線住民にも喜ばしいことでしたが、その一方で同計画には新規導入される「急行」電車が杉並区内の各駅を通過するという内容が含まれていました。驚いた区民による国鉄への請願の結果、荻窪駅の停車はなんとか実現しましたが、高円寺、阿佐ヶ谷、西荻窪の三駅は日曜日通過となったのです[35]。こうして平日以外は通過されることが多くなった杉並区内の駅ですが、総武線と直通する普通電車や東西線直通電車が停車することもあり、現在でも若者や文化人に愛される街として賑わい続けているのです。

［註］

(1)井伏鱒二『荻窪風土記』（新潮社、一九八二年：参照は一九八七年新潮文庫版）七頁。
(2)前掲『荻窪風土記』七二頁。
(3)森泰樹『杉並風土記 上巻』（杉並郷土史会、一九七七年）二九頁。
(4)桃井第二小・桃友会広報部編『おぎくぼ　いまむかし』（一九七八年）九頁。
(5)前掲『おぎくぼ　いまむかし』三〇頁。
(6)松葉襄「荻窪駅開設満百年 荻窪駅が生まれた頃の話」（杉並郷土史会『杉並郷土史会々報　第一一六号』一九九二年所収）二頁。
(7)前掲「荻窪駅開設満百年 荻窪駅が生まれた頃の話」二～三頁。
(8)中村安孝『杉並区の歴史』（名著出版会、一九七八年）一〇八～一〇九頁。
(9)前掲『杉並風土記 上巻』五〇頁。
(10)森泰樹『杉並区史探訪』（杉並郷土史会、一九七四年）三四頁。
(11)前掲『杉並区史探訪』三五頁～三六頁。
(12)前掲『杉並区史探訪』三八頁。
(13)前掲『荻窪風土記』一一六頁。
(14)前掲『杉並区史探訪』三七頁。
(15)東京都杉並区役所『新修 杉並区史（下巻）』（一九八二年）五〇一頁。
(16)森泰樹『杉並風土記 中巻』（杉並郷土史会、一九八七年）八九頁。
(17)前掲『杉並風土記 中巻』二五二～二五三頁。
(18)西荻窪商店会連合会『西荻観光手帖』（二〇一四年）二頁。

(19)東京都杉並区役所『新修 杉並区史（中巻）』（一九八二年）一四〇九～一四一一頁。
(20)森泰樹「井荻町の区画整理と町営水道」（杉並郷土史会『杉並郷土史会々報　第五七号』一九八三年所収）二頁～三頁。
(21)前掲森「井荻町の区画整理と町営水道」二頁および田中士郎「土地区画整理事業の功罪」（杉並郷土史会『杉並郷土史会々報　第一〇二号』一九九〇年所収）三頁。
(22)前掲『西荻観光手帖』一七頁。
(23)前掲『荻窪風土記』一三～一四頁。
(24)前掲『荻窪風土記』一〇六頁。
(25)前掲『荻窪風土記』一一四頁。
(26)前掲『杉並風土記 上巻』五二頁～五三頁。
(27)前掲『杉並風土記 上巻』五五頁～五六頁。
(28)記念誌編集委員会編『新天沼・杉五物がたり』（杉並第五小学校創立七十周年記念事業実行委員会、一九九六年）三〇〇～三〇二頁。
(29)前掲『杉並風土記 上巻』（杉並郷土史会、一九七七年）六二～六三頁。
(30)前掲『杉並風土記 上巻』（杉並郷土史会、一九七七年）五七頁。
(31)前掲『新天沼・杉五物がたり』二八三～二八四頁。
(32)寺下浩二『杉並・まちの形成史』（一九九二年）四一頁。
(33)前掲『杉並・まちの形成史』四二～四六頁。
(34)前掲『杉並・まちの形成史』五七頁。
(35)前掲『新天沼・杉五物がたり』二八〇頁。

第七章　「住みたい街」武蔵野市と中央線

（吉祥寺駅・武蔵境駅）

井の頭恩賜公園（絵葉書）

三鷹駅北口にある国木田独歩の碑（著者撮影）

今より三年前の夏のことであった。自分はある友と市中の寓居を出でて三崎町の停車場から境まで乗り、そこで下りて北へ真直に四五丁ゆくと桜橋という小さな橋がある、それを渡ると一軒の掛茶屋がある（中略）茶屋を出て、自分らは、そろそろ小金井の堤を、水上のほうへとのぼり初めた。ああその日の散歩がどんなに楽しかったろう。なるほど小金井は桜の名所、それで夏の盛りにその堤をのこのこ歩くもよそ目には愚かにみえるだろう、しかしそれはいまだ今の武蔵野の夏の日の光を知らぬ人の話である。

国木田独歩『武蔵野』(1)

中央線が東京二三区から市部に入って最初の市は武蔵野市です。同市は吉祥寺・三鷹（北口）・武蔵境の三駅区間に広がる自治体です。自治体名は武蔵野台地に由来すると考えられますが、明治の文人国木田独歩の作品『武蔵野』にも縁のある自治体であると言えます。独歩のような明治の文人たちが好んで東京西郊の地を訪れるようになった背景には、甲武鉄道（中央線）の開業がありました。この章では中央沿線でも「住みたい街」として人気を博す、武蔵野市の成り立ちと中央線の関係について述べていきたいと思います。

境駅の誕生

武蔵野市は一八八九年の市町村制によって誕生した武蔵野村をその由来とする自治体ですが、江戸時代には吉祥寺村、西窪村、関前村、境村等から成り立っていました。これら旧四カ村は、いずれも江戸時代に開拓された開発新田であるところに特徴があります。境村も、後述の吉祥寺村と同様に寛文〜延宝期（一六六一〜八一年）の時期に開発された新田を由来とする村です[2]。

すでに述べてきましたように、一八八九年に甲武鉄道が開業した時、現在の武蔵野市域で最初に設置された駅は境駅（現武蔵境駅）でした。現在多くの人で賑わう吉祥寺駅や隣接する三鷹駅よりも武蔵境駅の方が先に設置されたのは、いったいどのような事情によるものでしょうか。

甲武鉄道側の計画では、駅は当初現在の武蔵境駅のやや東側、上連雀村（現三鷹市）と境村の村境付近に計画されていたといいます。これに対して境村総代人の秋本喜七、後の武蔵野村長となる三井謙太郎の両名は甲武鉄道に対して九反八畝一七歩の用地（売買価格九四二円五銭一厘）を寄付（自家保有地の他は自ら買収した）することにより、境村の中心地に近い現在地に駅誘致を運動し、実現させたという経緯があります[3]。この売買価格、すなわち秋本らが寄付のために取得した価格は坪当約三一銭七厘〜九厘となります[4]。

地元有力者の活動があったとはいえ、当時それほど大きな村ではなかった境や上連雀に駅が予定された理由は何だったのでしょうか。それは甲武鉄道の北側を流れる玉川上水とその畔に植えられた桜並木であったと考えられています。玉川上水は江戸の水道として一六五四年に完成した、羽村―境―吉祥寺等を通り、四谷大木戸まで全長約四三㎞に及ぶ長大な水路でした[5]。上水沿いには桜が植樹され、江戸近郊の桜の名所として人気を博していたのです。秋本喜七は駅の誘致にあたって、村費による駅から近隣への道路整備を約束したと言います[6]。その一つが（武蔵）境駅から北に延びる道路であり、玉川上水に接続したあと、田無まで延ばされました(7)。この道路が玉川上水を渡る橋が「桜橋」であり、独歩の作品にも登場しています。甲武鉄道は乗客誘致の目玉としてこの「小金井の桜」を重視し、境駅設置を決定したものと思われます。実際に甲武鉄道の開業後、四月には多くの花見客が来訪し、この乗客を運ぶために臨時列車を走らせたり、無蓋貨車に客を乗せることもあったといいます。境駅から上水にかけては茶店その他の店が立ち並び、桜の季節だけ商売すれば、あとは遊んで暮らせるほどの繁盛ぶりをみせたといいます(8)。

また境村に駅が設置された原因にもう一つ考慮すべき点があると考えられます。それは用水の問題です。甲武鉄道は今日のような電車・電気機関車ではなく、石炭と水を必要とする蒸気機関車の運行で出発しましたから、停車駅には用水の便が必要でした。この当時付近を通る玉川上水からは周囲の開発新田に向けて幾つかの分水が作られていました。境村にも境村分水が寛文年間(一六六一~七四年)に設置されていました。この境村分水が中央線と交わるポイントに境駅が設置されたという点は示唆深いと思います(9)。つまり地元住民の運動に加え、用水上の利便性が停車場立地の重要なポイントになったとも考えられるのです。

吉祥寺駅の開設

吉祥寺村は一六五七年と五八年に立て続けに発生した江戸の大火(明暦大火)により被災した、本郷元町の吉祥寺門前町住民の移住をルーツにしています。被災した住民は当時牟礼野と呼ばれた五日市街道沿いの地域に、街道を挟み込むような形で短冊形に区画された土地を支給されて村を形成しました。吉祥寺自体は駒込に移転したため、現在の吉祥寺駅付近に吉祥寺という寺は存在しないのですが、住民たちは新しい村にかつて居住していた地の寺院名を冠したということになります[10]。甲武鉄道開業時には（武蔵）境に駅が設置されたため、旧吉祥寺村にはしばらく駅がありませんでした。その後、旧吉祥寺村住民が小美濃治郎吉ら八名の委員を選出し、吉祥寺駅設置運動が開始されます[11]。当初は現在地よりやや東の本町一丁目東寄りに駅が計画されましたが、周辺村民の反対があったため、やや西寄りに月窓寺の所有地の提供を受けて現在の位置に一八九九年に吉祥寺駅が開業しました[12]。駅の設置費用三二〇〇円と敷地の一部が村民二〇五名の寄付によって賄われたと伝えられています[13]。駅周辺の用地は月窓寺をはじめとする四軒の寺の所有地であることが多く、駅前の繁華街の多くは寺から土地を賃借する形で広がっていきました。駅から五日市街道と公園通りを結ぶ二つの道路は駅開設時の寄附金によって造られています[14]。

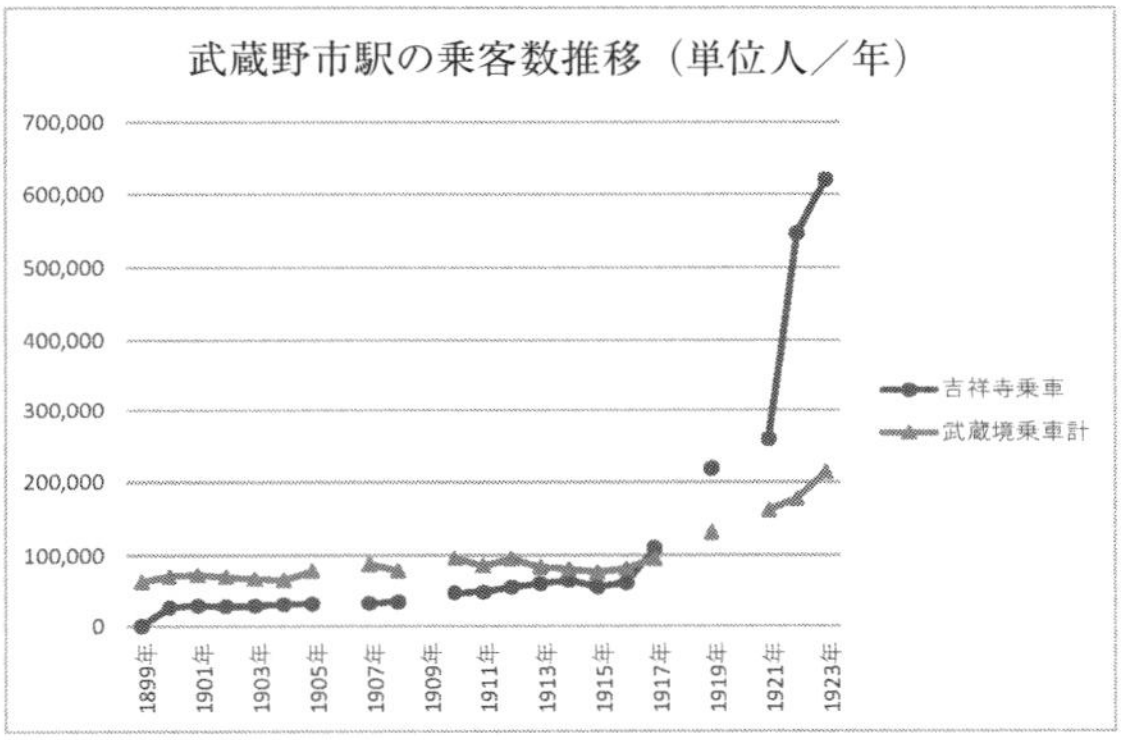

『武蔵野市百年史　前史』271頁。原資料は『東京府統計書』。

井の頭恩賜公園の開園

吉祥寺駅南側を代表するスポットに井の頭公園（井の頭恩賜公園）があります。実は同公園の敷地の多くは三鷹市に属しています。井の頭公園の一帯は江戸時代に徳川将軍家の鷹場であり、徳川家光が鷹狩りの際にこの地に仮の宿泊所「御殿」を作ったことから「御殿山」という地名が生じています[15]。

明治時代に入るとこの一帯は皇室所有地に編入されました。一八八八年に甲武鉄道建設測量が行われた際、御殿山の官林や西神社境内の樹木が伐採されたのですが、当時御殿山の官林は神田上水の水源涵養林と位置付けられていたため、東京府から神奈川県及び境村に問い合わせが行われています。この件では伐採の補償を神奈川県が行ったようです[16]。

甲武鉄道開業後の一九〇五年、東京市が皇室に対して御殿山の一部を借用して東京市養育院感化部の学校設立を計画し、同地に井之頭学校が建設されました（同学校はその後移転し、一九四二年以降は井の頭自然文化園に）。その後東京市は井の頭池を含む一帯の譲渡を受け、一九一七年に井の頭恩賜公園が開園しました[17]。

中央線電化と複線化

これまでの章で述べてきましたように、甲武鉄道の開業時には線路は単線で、列車本数も一日四本と少数でした。運賃も新宿―境間で上等で三六銭、中等二五銭、下等一二銭と、一般の住民にとって、この時点で鉄道は日常の生活にとって身近なものとは言えなかったのです[18]。この状況を大きく変化させたのは大正時代の電化と複線化でした。中央線の電化は一九〇四年に飯田町―中野間で実施されましたが、その後一九一九年に中野―吉祥寺間の電車運転が開始され、一九二二年には国分寺まで電車が運行することになりました。同年には吉祥寺―国分寺間の複線化も完了することにより、中央線の運行本数は大幅な改善を見ることになりました[19]。また鉄道の電化は従来蒸気機関車のバイ煙を消滅させた点も重要でした。武蔵野村では一九〇九年に民家の屋根にバイ煙に混じった石炭の燃え残りが落下したことによる火災が発生していたことからも、火災・煙害リスクの少ない電車化は地域に歓迎されたのでした[20]。

この電化と複線化が完了した時期が一九二二年であるというタイミングは重要でした。折しもその翌年一九二三年九月に関東大震災が発生したのです。大震災の被害は武蔵野台地において相対的に軽微であったため、地震の前年に電化と複線化を実現していた中央線沿線には多くの住民が移り住んでくるようになりました。一九二二年に私立東京女子体操音楽学校（藤村学園）、成蹊学園小学校・中学校・実務学校・実業専門学校が一九二四年に移転してくるなど、教育機関の充実も地域のイメージを向上させ、人口増加を促進する要因となりました[21]。

こうした動向を示すのが吉祥寺駅・（武蔵）境駅の乗客数推移を示したグラフです。設置当初の吉祥寺駅は先に建設された境駅よりも乗車数の少ない駅でしたが、第一次大戦景気の一九一七年に境駅の乗客数を追い抜きます。そして電化と複線化が完了した一九二二年に一挙に乗客数を増加させていった様が良く示されています。境駅も電化・複線化のタイミングで乗客数を伸ばしていきましたが、その変化は吉祥寺駅において、より劇的であったと言えるでしょう。こうした変化を背景に一九二八年、武蔵野村は町制を敷くことになります。

軍需産業と武蔵野町

町制を敷いた武蔵野にとって、次に大きな変化をもたらしたのは昭和恐慌後の軍事経済化の流れでした。一九三〇年に電気測定器などの製造を行う横河電機が渋谷から同年設置された三鷹駅の北口一帯に移転しました。さらに一九三八年には陸海軍の軍用機を製造していた中島飛行機が武蔵野町西窪（現武蔵野中央公園付近）に武蔵野製作所（一九四三年より武蔵製作所）を新設し、エンジン製造を開始しました。工場への部品・製品輸送のため、武蔵境駅（一九一九年に境駅より改称）から工場までの引き込み線が建設されたほか、東久留米や田無（現西東京市）の工場との連絡線も一時建設されました(22)。軍用機の大手企業である中島飛行機の工場設置がこの地にもたらした影響は大きく、横河電機も徐々に航空機部品製造に重心を移していったことをはじめ、その他中小の部品製造工場が次々と建設されることとなり、武蔵野町は一時、中島飛行機の企業城下町の様相を呈するようになったのでした。これに伴い町内の人口も一九三七年の約二万九千人から四三年の約五万六千人と短期間で倍増近い増加を見せることとなりました(23)。

しかし国内最大の軍用機エンジン製造拠点であった武蔵製作所は、アジア太平洋戦争中にアメリカ軍から激しい爆撃を受けることとなりました[24]。戦後も企業の再開は認められず、跡地の一部は占領軍の宿舎として接収されました。他の工場跡地の一部には戦後一九五〇年に政府の電気通信研究所（現ＮＴＴ武蔵野研究開発センター）が設置されたほか、一時はプロ野球場（東京グリーンパーク野球場）が設置され、三鷹駅から球場までの引き込み線まで設置されましたが運営は短期間に留まりました（現武蔵野緑町パークタウン）[25]。占領軍宿舎は一九七三年に返還され、一九八九年に都立武蔵野中央公園が開園しました[26]。

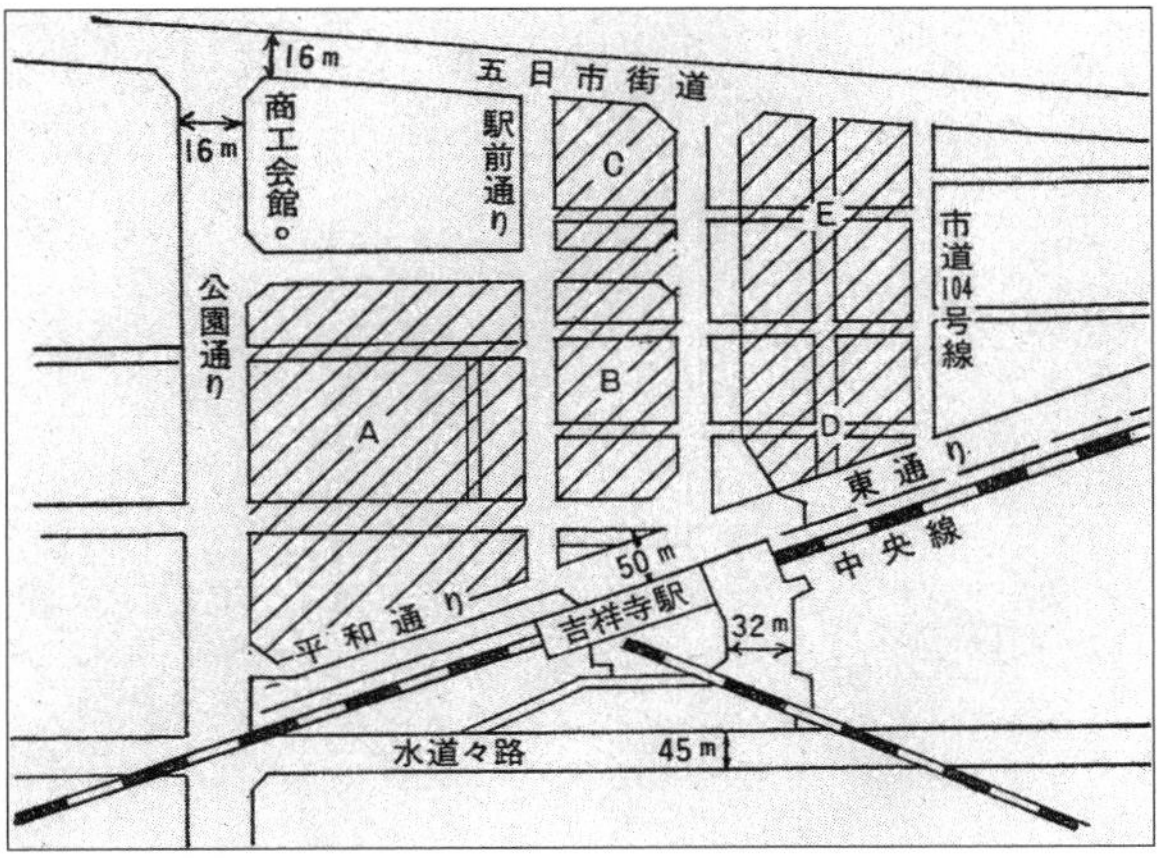

吉祥寺周辺都市計画実施（案）『武蔵野市百年史記述編Ⅲ』より

戦後吉祥寺の発展と駅前開発

戦後一九四六年には人口五万五六六九名と記録された武蔵野町は、一九四七年に市制を施行し、一九五八年には人口一〇万人を突破しました。人口の急増に伴い駅周辺の混雑が激しくなり、住民、行政による街づくりの活動が活発化します。まず民間主導の動きとして、一九五二年に地元商業者主導により旧逓信省の寮跡地を中心とした区画が再開発され、四ｍ道路の両側に三〇店舗の区割りを行ない、アーケード付きショッピング街（現吉祥寺ダイヤ街の一部）が形成されました。五三年には現在の吉祥寺パルコの場所に、レンガ舗装道路を整備し、吉祥寺大映、吉祥寺日活の映画館と飲食街が作られています。また現在東急百貨店のある位置には一九五九年に地上六階、地下一階建ての「名店会館」がオープンし多数の商業テナントが入居しました[27]。

一方行政主導の街づくりとしては、市議会によって一九五四年に「吉祥寺駅前広場都市計画特別委員会」が設置され、駅前広場の必要性が論じられるようになりました[28]。計画が本格的に動き出したのは一九六〇年のことです。吉祥寺駅北口付近に立地していた東京女子体育短期大学が国立町（現国立市）に移転することとなり、武蔵野市が跡地賃借権を買い上げる（地主は月窓寺と光専寺）ことによって再開発用地が確保されることとなり、事業費は起債によって賄われることとなりました[29]。さらに同時期に吉祥寺駅の高架化工事も始まったこともあり、一九六六年市議会において吉祥寺駅周辺都市計画事業が決定しました。短大跡地に「開発公社」方式で一五階建ての共同ビルを建築し、同ビルの床面積を仮換地・換地として提供するという案が構想されたのです。再開発商業ビル（現コピス吉祥寺）は二棟建設され、まず一九七一年には一棟に伊勢丹デパートが入居して開業し、翌七二年には移転商店や市民ホールなどの公共施設が入居したF＆Fビルが開業しました[30]。また南口では再開発予定地であった多摩青果跡地を民間会社が買い取ってビル建設を計画しましたが、市が交渉の結果、地上部分の寄付を受け、一九七〇年に再開発ビル「ターミナル・エコー」を開業しました（現京王吉祥寺駅ビル）[31]。

こうした武蔵野市の都市計画に加え、国鉄も一九六九年に荻窪—三鷹間の高架複々線工事と並行して新たな駅ビル建設を行ないました。高架線下全長三六〇mのエリアに地上二階、地下一階の吉祥寺ステーション・センター（愛称：吉祥寺駅ビル・ロンロン）が建設されました。ビルの運営は鉄道弘済会、鉄道会館、武蔵野商工会議所、京王帝都電鉄に加え武蔵野市も出資する民衆駅方式で行われ、地元一八店を含む一七八店舗が入居することになりました[32]。このステーションセンターは駅舎と接続されることにより、営業時間中は駅西側の公園通りに直接出ることができ、地元住民が長年望んでいた西口改札が実現することとなりました[33]。

武蔵野市の再開発事業は前述の国鉄高架化工事に加え、東京都による道路広幅化計画にも同時に対応する必要にせまられたため、実施に長年の交渉と労力が投入されましたが、事業の結果、駅前広場に加えて駅周辺道路の広幅化、駅前通りのアーケード化、歩行者専用道化などが実現し、魅力的な駅前空間が徐々に姿を現していきました[34]。こうした積極的駅前開発が呼び水となり、その後吉祥寺駅北口には東急百貨店やパルコなど大型商業施設の立地が続き、市内だけでなく遠方からも買物客を集める街として発展していったのです。

［註］

(1)国木田独歩『武蔵野』（一九〇一年）参照は岩波文庫版二〇〜二一頁。
(2)井上孝『子ども武蔵野市史』（武蔵野市教育委員会教育部図書館、二〇一〇年）三一〜三三頁。
(3)武蔵野市史編纂委員会編『武蔵野市史　資料編』（武蔵野市役所、一九六五年）五二七〜五三四頁。

(4)植手道有『武蔵野市百年史　前史』(あっぷる出版社、二〇一六年)二四二頁。
(5)前掲『子ども武蔵野市史』一七頁。
(6)前掲『武蔵野市百年史　前史』二三七頁。
(7)前掲『武蔵野市史　資料編』五三五頁。
(8)武蔵野市史編纂委員会編『武蔵野市史』(武蔵野市役所、一九七〇年)六一二頁。
(9)前掲『子ども武蔵野市史』一九頁。
(10)前掲『子ども武蔵野市史』二二～二三頁。
(11)武蔵野市公立学校教育研究会社会科研究部編『私たちの武蔵野』(武蔵野市公立学校教育研究会、一九五六年)五七頁。
(12)麻生泰子編『武蔵野界隈むかし語り』(財団法人武蔵野市開発公社、二〇〇九年)三七頁。
(13)前掲『武蔵野市百年史　前史』二六八頁。
(14)武蔵野市編『武蔵野市百年史　記述編Ⅰ』(武蔵野市、二〇〇一年)六一頁。
(15)前掲『子ども武蔵野市史』一二頁。
(16)前掲『武蔵野市史　資料編』五二〇～五二三頁。
(17)前掲『子ども武蔵野市史』八六～八七頁。
(18)前掲『武蔵野市史』六一一頁。
(19)前掲『武蔵野市史』六二四頁。
(20)前掲『武蔵野市史』六一三頁。
(21)前掲『私たちの武蔵野』一一五頁。
(22)高橋泰隆『中島飛行機の研究』(日本経済評論社、一九八八年)二三二～二三四頁。
(23)前掲『武蔵野市史』六九八頁。

(24)前掲『中島飛行機の研究』二四三〜二四四頁。
(25)前掲『武蔵野市史』一〇四六頁。
(26)前掲『子ども武蔵野市史』一四七頁。
(27)斉藤徹『吉祥寺が「いま一番住みたい街」になった理由』(ぶんしん出版、二〇一三年)七四〜七六頁。
(28)前掲『武蔵野市史』一〇七六頁。
(29)武蔵野市編『武蔵野市百年史　記述編Ⅱ』(武蔵野市、二〇〇二年)三三八〜三三九頁。
(30)前掲『子ども武蔵野市史』一六三頁。
(31)武蔵野市編『武蔵野市百年史　記述編Ⅲ』(武蔵野市、一九九八年)二一八〜二二一頁。
(32)前掲『武蔵野市史』一〇九八〜一〇九九頁。
(33)前掲『武蔵野市百年史　記述編Ⅲ』二三八〜二三九頁。
(34)前掲『子ども武蔵野市史』一六四頁。

第八章　「文士村」と工場進出
（三鷹駅）

山本有三記念館（著者撮影）

三鷹村東京天文台（絵葉書）

三鷹の此の小さい家は、私の仕事場である。ここに暫くとじこもって一つの仕事が出来あがると私は、そそくさと三鷹を引き上げる。逃げ出すのである。旅に出る。けれども、旅に出たって、私の家はどこにも無い。あちこちうろついて、そうしていつも三鷹の事ばかり考えている。三鷹に帰ると、またすぐ旅の空をあこがれる。仕事場は、窮屈である。けれども、旅も心細い。私はうろついてばかりいる。いったいどうなる事だろう。私は人間でないようだ。

太宰治「誰」(1)

三鷹と言えば中央特快の停車駅、近年ではジブリの森美術館で有名ですが、杉並区同様、太宰治をはじめとした文人が数多く暮らした街としても有名です。三鷹市は三鷹駅のみならず吉祥寺駅から東小金井駅にいたる南側に広がる自治体です。逆に北口側は上連雀の一部を除いてほぼ武蔵野市になります。三鷹は一八八九年に下連雀、上連雀、井口新田、深大寺新田、大沢、野崎、新川、中仙川、北野、牟礼の一〇か村が統合されて誕生した三鷹村をルーツにしています(2)。「三鷹」の由来はこの地域が江戸時代に徳川家が鷹狩りを行なう「御鷹場」であり、それぞれの旧村が世田ヶ谷領、府中領、野方領の三領にまたがっていたことから名づけられたものとされています(3)。三鷹駅のある住所は三鷹市下連雀といいます。神田にも「連雀町」という地名がありますが、これは旧村であった下連雀村が、江戸時代の明暦大火により一六五九年、神田連雀町から移住開拓した人々によって作られた村であることに由来しています(4)。吉祥寺同様この一帯は江戸時代の開発新田が広がる地域であったのです。

開設されなかった三鷹駅

現在は中央特快の停車駅として賑わう三鷹駅ですが、甲武鉄道の開業時（一八八九年）には三鷹村に駅は設置されませんでした。当初現在の三鷹車庫付近に駅設置の予定がありましたが[5]、西側の境村（現武蔵野市）の積極的な誘致活動により、より西方の境駅（現武蔵境駅）が実現し、三鷹への駅設置が先送りとなってしまった経緯については前章でも述べた通りです。その後、荻窪駅（一八九一年）、吉祥寺駅（一八九九年）に駅が設置され、三鷹村の住民もしばらくはこれらの駅を利用することになりました。

開業当初の甲武鉄道は単線の蒸気機関車運行でしたが、甲武鉄道が国に買収された一九〇四年には複線化に向けた測量が開始され、一九二二年には国分寺までの複線化が完了しました。また電化工事については一九〇四年に飯田町—中野間の電化が完了したものの、その後工事が停滞したため、沿線自治体から電化の早期完成を求める請願が繰り返し提出されることになります。一九一六年に提出された請願書の署名には、三鷹村長の名前も見ることができます。文面では、中野—国分寺間沿線地区の気候の温和と大気の新鮮さを強調し、新たな郊外住宅地としての可能性に言及しているほか、井の頭恩賜公園の遊覧客吸収の可能性についても強調されています[6]。こうした自治体の請願もあり一九一九年には中野—吉祥寺間の電化が実現することになりました。

三鷹市にある井之頭の池

井の頭恩賜公園は吉祥寺駅との関係で意識されることが多いですが、公園内の井の頭の池（弁財天池）は三鷹市に帰属しています。井の頭池にある弁財天の由来は古く天応年間（一〇世紀）に遡り、源頼朝や新田義貞等によって戦勝祈願が行われたと伝えられていますが、同地が本格的に注目されたのは、徳川家が江戸に入城し、城下町江戸の都市開発を行うにあたり、この池が水源として注目されたことにあったと言われています。一五九〇年に徳川家康がこの池を訪れ、井の頭池を「親の井」と名付け、後の神田上水の水源に指定しました。また三代将軍家光も一六二九年にこの池に訪れ、この池水を「井の頭」と名付けたと伝えられています(7)。

ただ貴重な水源であるがゆえに同池周辺の地境については江戸時代から牟礼村（現三鷹市）と吉祥寺村（現武蔵野市）、久我山村（現杉並区）との間で紛争の種になっていました。そのため地租改正に伴う土地調査時に調整が行われ、その結果、井の頭池及びその周辺は牟礼村、御殿山は吉祥寺村と定められ、この境界が今日の三鷹市、武蔵野市の境界に反映されています(8)。

東京天文台の開設と用地買収

明治時代にはほぼ開発新田の純農村の姿を保っていた三鷹の地に鉄道に続いて誕生した近代的施設として、東京天文台を外すわけにはいかないでしょう。同天文台は東京帝国大学理学部に属しており、それ以前は麻布区飯倉町（現港区麻布）にあったものですが、一九〇九年に三鷹村大沢が候補とされ、移転交渉が開始されました[9]。買収された用地面積は七万三千余坪（二四・二ha）、買収価格は坪当七五銭、総額約五万五千円でした。ただこれは地券、あるいは村の台帳上の面積であり、実測では八二三九坪の「縄延び」が存在していたことが記録されています[10]。移転誘致に際しては三鷹村だけではなく周辺の武蔵野、神代（現調布市）、調布の各町村も賛同し、これら町村が五千五百円を移転費用として寄贈したとも記録されていますが、直接用地を買収される大沢集落の住民からすれば生活基盤を脅かされる問題として、住民間で誘致を巡って葛藤が生じることとなりました[11]。

しかし用地買収後の移転は順調に進まず、建物建築が開始されたのは一九一四年以降のことでした。天文台三鷹本館の竣工は一九一七年であり、その後太陽写真儀室、分光機室、連合子午儀室などが建設され、実際に三鷹で経度・緯度の観測が開始されたのは一九二二年からであったと言います。移転の遅れは天文台所員の中に、三鷹への移転を不便として歓迎しない風潮があったことなどが指摘されていますが、一九二三年の関東大震災によって麻布の旧天文台が大きな被害を受けたことから移転が促進され、翌二四年には天文台の主要部分の移転が完了しました[12]。

三鷹駅の設置と文士村

他の多摩地域の例に漏れず、三鷹における宅地化を大きく推進したきっかけのひとつは一九二三年の関東大震災でした。この地震で三鷹では井の頭の弁天堂と参道の黒門とが崩壊しましたが、その他の被害は大きくはなく、被害の大きかった都心部から住居を三鷹周辺に移す人が増加していきました[13]。震災前の一九一九年に吉祥寺駅までの電車化が実現していたため、隣接する三鷹でも住宅を建設する者が増えていったようです。たとえば震災翌年の一九二四年に、万助橋南一帯の山林一万三千坪が南井の頭住宅分譲地として造成されたほか、翌二五年には帝国商事株式会社が大沢の現国際基督教大学構内に松寿園分譲地を造成して販売したことが記録されています。価格としては地主からの買収価格が坪六～七円、分譲価格が十円程度でした[14]。

もうひとつの出来事は一九二九年の三鷹電車庫の設置です。電車庫には一六〇名の職員が勤務することとなり、付近に職員官舎も建設されたことから、電車庫のある駅南西部の上連雀が市街地化され、商店街も形成されて賑わいを見せるようになってきました[15]。三鷹に駅が建設されたのは翌年一九三〇年のことです。駅が設置されたのは玉川上水と中央線が交差する三鷹村下連雀の北外れの地でした。駅は玉川上水に沿って上水の南側に設置され、乗降口は南口のみ設置されたのです[16]。設置当初の駅は、間口約一六・五m、奥行き九・九mほどの小さな建物で、ホームには上下とも屋根はなく、ホーム西側は笹薮と灌木に囲まれ、北側一面には雲雀が飛ぶ麦畑を眺めることができる駅であったといいます[17]。そのような小さな駅でも、設置により南側の本町通り沿いは活気を呈し始めました。駅前の街区は地元の地主が箱根土地株式会社に一任し、駅前広場を円形に整備し、後述の国立駅と似た放射状の道路を配置したと言われています[18]。駅南東部の下連雀二丁目付近には政財界関係者が別邸を建築し、屋敷町を形成して行きました。政治家鳩山一郎の菜園、横綱太刀山の菜園などもあったと伝えられています[19]。

その他にも駅の設置後、三鷹には多くの文学関係者が居を構えるようになりました。駅設置前にも童謡「赤とんぼ」の作詞で知られる三木露風や、評論家亀井勝一郎が住居を構えたことがありましたが、駅設置後には山本有三、武者小路実篤、今官一らが続々と居を構え、三鷹は文士村の様相を呈するようになりました。なかでも一九三九年に三〇歳で下連雀に移り住んだ太宰治は三鷹を代表する文人と言えるでしょう。太宰は山梨県甲府市から三鷹に転居すると、すぐに駅前にあった小料理屋「喜久屋」「千草」といった店にひんぱんに姿を現し、編集者・知人との待ち合わせや執筆活動を行ったといいます。また『斜陽』をはじめとするいくつかの作品は実際に三鷹駅前の風景が舞台のモデルとなっており、「喜久屋」のあった通りは現在でも「太宰横丁」と呼ばれて市民から親しまれています[20]。太宰は阿佐ヶ谷の井伏鱒二等と交流を深めながらも一九四八年に付近の玉川上水で入水自殺をするまで、前述の『斜陽』や『走れメロス』、『人間失格』といった数々の名作を世に送り出したのでした[21]。

工場進出と三鷹の人口増加

一九三〇年代に入ると武蔵野村がそうであったように、それまで農村部であった三鷹村においても軍需に関わる工場立地が進められて行きました。一九三三年に下連雀の狐久保に正田飛行機、三鷹航空の二工場が創業します。続いて一九三七年には日本無線電信電話株式会社が品川から上連雀へ、中西機械製作所が芝から下連雀にそれぞれ移転してくるなど、東京中心部の航空系軍需工場が三鷹の地に次々と移転してきたのでした。その後一九四一年には中島航空機株式会社が研究所を大沢に建設し、三鷹は徐々に航空機関連企業の集積地としての位置を占めるようになっていきました[22]。また一九三八年には内務省が調布町、三鷹町、多磨村にまたがる約五〇万坪の地域に飛行場の建設を決定し、三鷹でも大沢地区の天文台下、野川の南側の一部が買収の対象となりました[23]。こうした工場進出にともない三鷹の人口も、一九三五年の一万一八一〇人から四〇年には二万四二四七人と五年間で倍増し、一九四〇年に三鷹は町制を施行するにいたりました(市制は一九五〇年)[24]。また工場進出は三鷹駅北側の武蔵野村側においても顕著であったため、一九四一年には三鷹駅に北口が設置され、横河電機製作所、中島飛行機製作所など武蔵野市側の企業に勤める人々の便が改善されることとなりました[25]。

終戦後、これらの軍需関連企業や工場は、その多くが廃業、あるいは民需転換という形で姿を変えてゆくことになります。町内最大の企業であった中島飛行機研究所の敷地は、一九四九年に創設された国際基督教大学の敷地として購入され、研究所の建物もそのまま大学校舎として転用されました[26]。中島飛行機の一部は戦後富士産業三鷹工場(現株式会社SUBARU)としてスクーターや軽自動車といった自動車産業への転身をはかっていきました。また立川において航空機製作を行っていた立川飛行機株式会社も、戦後自動車産業への転身をはかる過程で府中への移転を経て、一九四九年に三鷹に移転してきました。同社は一九五二年にプリンス自動車と改称して富士産業と並んで戦後の自動社産業を牽引する存在へと成長していきました[27]。

三鷹事件

戦後日本史上、「三鷹」の地名を有名にした事件として、いわゆる「三鷹事件」をあげないわけにはいかないでしょう。この事件は一九四九年七月一五日に三鷹駅で発生した電車暴走事件です。同日午後九時一八分、三鷹電車区引き込み線から発進してきた七両編成の電車が、駅構内の車両止めを突破し、駅南口構外の道路に飛び出して転覆しました。この暴走により車両の下敷きとなった通行人六人が死亡するという大事故となりました[28]。この事件は、当時ドッジ・ラインと呼ばれる占領軍主導の緊縮財政下において、国鉄で大規模な人員整理が進められ、これに反発する国鉄の労働組合との対立が激化するさなか、立て続けに発生した事件のひとつと位置付けられ、戦後史に残るものとなりました。捜査当局はこの事故を闘争の中心にあった共産党員の共同謀議による計画的犯行とみなして捜査を進めた結果、国鉄労組三鷹電車区分会と中野電車区分会関係者が次々と逮捕されました。しかし公判の過程で検察は共同謀議の存在を立証することができず、事件は三鷹分会に所属していた竹内景助の単独犯とされました[29]。

竹内景助自身も自白を強制によるものとして無罪を主張し、公判は最高裁まで行われましたが一九五五年六月に最高裁は実行犯として竹内被告に死刑判決を下しました。竹内被告は最後まで無罪を主張し、再審査を請求していましたが、果たされず、一九六七年一月に東京拘置所で息をひきとりました。下連雀禅林寺の墓地には事件の被害者となった六名の慰霊碑が有志・篤志家の手によって建立されています[30]。

戦後三鷹駅の駅前開発

三鷹事件の後、三鷹駅の駅舎は改築されましたが、その後の駅前人口の増加に伴い、通勤時間帯の周辺混雑・渋滞が深刻化していきました。そのため一九五三年、三鷹市と東京都、運輸省とが五〇〇〇万円を共同出資して、南口にロータリーを建設しました。事業は失業対策特別選定事業として計画され、駅前広場の車道と歩道を分離し、植樹帯を設置しました[31]。駅についてはさらに一九五七年に大幅な増改築を実施し、中央線一〇両編成に対応すべく、二ホームを二〇m延伸するホーム改良工事が施されています[32]。その後一九六〇年には一日平均乗降客数が一〇万人を突破するにおよび、駅の大改造計画が東京鉄道管理局に上申されました。同計画は中央線複々線化計画との調整を行いながら進められ、最終的に駅を橋上本屋式に改築することとなりました。新駅舎は一九六九年に供用が開始され、同年には総武線と地下鉄東西線の乗り入れが実現するなど、三鷹駅は新しい時代を迎えることとなったのです[33]。

三鷹駅南口前の再開発計画については、前述のロータリー建設に加えて、一九五五年から立体換地調査委員会東京都グループが調査を開始し、「三鷹駅前商店街立体換地設計調査報告書」を作成したことをきっかけに計画が具体化しました。同計画では従来五・四m幅であった銀座二丁目通りを一二m幅に拡幅し、東西五m道路の一本を一一mに拡幅するというものでした[34]。この再開発の過程で駅南口を流れていた品川用水が埋め立てられ道路となり（現さくら通り）、駅前空間が拡大することになりました[35]。また道路拡幅のために再開発ビルを用いた立体換地が計画され、この再開発ビル建設に日本住宅公団が参入する形で事業が進められました。公募により「三鷹ショッピングセンター」と名付けられた再開発ビルは一九六三年九月の第一期工事の完了と共にオープンし、キーテナントとして伊勢丹ストアが入居しました（一九八四年以降は東急ストアが入居）。その後街路拡張工事を含む第二期工事は一九六五年一〇月に完了しました[36]。

その後一九八三年に三鷹市は「三鷹市都市施設整備公社」を設立し、駅前広場を含めた一万一〇〇〇㎡を都市再開発法に基づく市街地再開発事業の施行地区に定めて市主導の再開発計画を策定しました。しかしその後のバブル経済による地価高騰により、再開発に民間活力導入の手法を導入することとなり、一九八六年に地上十八階地下三階の再開発ビル（現三鷹コラル）と地上五・五mの駅前広場デッキの建設計画が示されました。同計画に基づく事業は一九九一年から開始され、九三年に完成しました[37]。またJRは国分寺、立川に次ぐ中央線三番目の駅ビル（三鷹ロンロン、二〇一〇年よりアトレヴィ三鷹）を一九九九年に完成させ、駅ナカ戦略の強化を進めています[38]。

［註］

⑴太宰治「誰」（『太宰治全集4』筑摩書房、一九八八年所収）。

⑵三鷹市史編さん委員会編『三鷹市史』（三鷹市、一九七〇年）四二〇頁。

⑶前掲『三鷹市史』四二三頁。

⑷宍戸幸七『三鷹の歴史』（ハタヤ書店、二〇〇六年）一五頁。

⑸前掲『三鷹市史』四二四頁。

⑹三鷹市史編纂委員会編『三鷹市史通史編』（三鷹市、二〇〇一年）八四〜八五頁。

⑺前掲『三鷹の歴史』三一頁。

⑻前掲『三鷹の歴史』三六頁。

⑼前掲『三鷹市史』四五〇頁。

⑽榛沢茂量『天文台の大沢移転』（二〇〇一年）一二頁。

⑾前掲『天文台の大沢移転』五頁。

⑿前掲『三鷹市史通史編』九八〜九九頁。

⒀前掲『三鷹市史』四五六頁。

⒁前掲『三鷹の歴史』一五九頁。

⒂前掲『三鷹市史通史編』一三三頁。

⒃前掲『三鷹市史』四六六頁。

⒄森英樹『連雀多摩の曙』（ぶんしん出版、一九八七年）一三〇〜一三一頁。

⒅前掲『連雀多摩の曙』一三三頁。

⒆前掲『三鷹市史通史編』一三七頁。

⒇三鷹駅前６０年史編集委員会編『三鷹駅前六〇年史』（三鷹駅前銀座商店会、一九八九年）八六〜八七頁。

(21)三鷹市史編纂委員会編『三鷹市史通史編』（三鷹市、二〇〇一年）一七八頁。
(22)前掲『三鷹市史』四六九～四七〇頁。
(23)前掲『三鷹市史通史編』一三八頁。
(24)前掲『三鷹市史』四七〇頁。
(25)前掲『三鷹市史』五一一頁。
(26)前掲『三鷹市史』五六九頁。
(27)前掲『三鷹市史』五六九～五七〇頁。
(28)前掲『三鷹市史』六二〇～六二一頁。
(29)前掲『三鷹市史通史編』一七七頁。
(30)前掲『三鷹市史』六二七頁。
(31)前掲『三鷹市史』九二一頁。
(32)前掲『三鷹市史』九八〇頁。
(33)前掲『三鷹市史通史編』二六六～二六八頁。
(34)前掲『三鷹市史』九八八～九九一頁。
(35)前掲『三鷹駅前六〇年史』九六頁。
(36)前掲『三鷹市史通史編』三二四～三二五頁。
(37)前掲『三鷹市史通史編』五六四～五六七頁。
(38)前掲『三鷹市史通史編』六五八頁。

第九章　小金井桜と「はけ」の街
（東小金井駅～武蔵小金井駅）

小金井堤の桜（絵葉書）

東小金井駅開設記念碑（著者撮影）

駅の付近に群れる（中略）客の間を素早く通り抜け、人気のない横丁を曲がると、古い武蔵野の道が現われた。低い陸稲の揃った間を黒い土が続いていた。その土の色は、恐らく彼が熱帯から帰って懐しく思った唯一のものであった。（中略）茶木垣に沿い、栗林を抜けて、彼がようやくその畠中の道に倦きたころ、「はけ」の斜面を蔽う喬木の群が目に入るところまで来た。それは彼の幼児から見慣れた木立であった。樫、杉、欅など、宮地老人の土地の背後を飾る樹々は淋しい少年であったころ、彼の最も懐しい映像であった

大岡昇平『武蔵野夫人』(1)

中央線の小金井市から国分寺市にかけての路線は多摩川が構築した河岸段丘の上を走っており、線路の南側には国分寺崖線と呼ばれる斜面が広がっています。地元ではこの崖線を「はけ」、「まま」と呼びこの変化に富んだ地形に親しんできました。大岡昇平の恋愛小説『武蔵野夫人』の登場人物である宮地勉は、学徒召集で南方に出征し、内面を深く傷つけられて帰還した人物として描かれていますが、その勉が帰国後執着するのが故郷の「はけ」の風景でした。冒頭に登場する駅は武蔵小金井駅、敗戦後の荒廃した街並みのなかにあって駅の南側に広がる段丘と「はけ」からの湧水を集めた野川が構築する変化に富んだ武蔵野の風景は勉を惹きつけずにおかない美しい風景として精緻に描かれています。

駅誘致を逃した小金井村

すでに述べてきましたように、一八八九年に新宿―立川間で開業した甲武鉄道の駅に現在の小金井市内の駅は存在しません。小金井村は町村制によって小金井村・貫井村・小金井新田・関野新田・梶野新田・拾ヶ新田の六か村の統合により成立した行政村です。当時の人口は一六八三人、二一八戸の武蔵野の雑木林が点在し、水田は野川の流域と仙川の一部だけの畑場の村でした(2)。現在から見れば、決して人口の多い村とは言えませんでしたが、小金井は駅設置の有力候補でした。その理由は、桜の名所小金井桜の存在です。小金井桜とは玉川上水沿いに植樹された桜の道を指します。第七章でも述べましたが、一六五四年に庄右衛門、清右衛門の兄弟が幕府の命を受け、西多摩の羽村から多摩川の水を江戸に送るために開削された玉川上水の堤には後年桜が植樹され、文政期頃になると大木に育った桜が上水の両岸に三km近く続いて咲き誇り、江戸の人士が押し寄せる近郊随一の桜の名所と言われるようになっていました(3)。甲武鉄道は創業時からこの小金井桜の観桜客を乗客として期待していましたから、小金井には駅設置の理由があったのです。

しかし結果として駅は小金井を挟むような形で、境村（現武蔵野市）と、国分寺村（現国分寺市）に設置されてしまいます。この両村の積極的な誘致運動についてはそれぞれの章で述べることとして、小金井各村の動きはどうだったのでしょうか。梶谷新田（現東小金井駅付近）など駅設置に反対した地域もあったようですが、市西部の貫井村では積極的な誘致運動を行った形跡が残っています。一八八八年六月付けで貫井村住民が提出したとみられる請願書には次のように記載されています。「甲武鉄道敷布設相成候ニ付テハ、停車場ノ儀ハ小金井村ヘ設置ノ事存居候処、同所ニテハ不便之趣ヲ以廃設ト相成候、之ヲ変更シ雨沼村・立川村間ニ弐カ所ノ停車場御設置ト確定相成由、然ル上貫井村ハ立川村ヲ距ル壱里ノ村落ニシテ（中略）殊ニ停車場ノ位置地形平旦ニテ土工ノ業至テ安シ（中略）依テ人民一同挙而哀願仕候間、御間届被下度、右御採用相成候上、敷地トシテ反別一町歩献納仕候間、御憐察相成度（後略）」[4]。つまり当初小金井村に駅が設置されると考えられていたが、同地の利便性の観点から不設置となった結果、雨沼村（恐らく天沼村の誤記）から立川村間で二駅が選択されることとなったため、貫井村住民が駅設置を請願するに至ったことになります。住民は同地の工事の利便性と駅敷地一反の寄付を申し出て駅設置を懇願しましたが、最終的に誘致競争に敗れる結果となってしまいました。その結果、観光名所として開業当初から重視されてきた小金井堤の花見客も（武蔵）境駅や国分寺駅での乗降となりました。隣村の駅で乗降する花見客を眺めることになった小金井住民の心境は複雑なものがあったと思われます[5]。

武蔵小金井駅の建設

甲武鉄道開業時に駅設置を逃した小金井村では、その後も駅設置運動が続けられました。運動はまず仮停車場の設置という線から始められました。元々小金井堤の観桜客の需要があったことに加え、観桜の季節には既設の境駅・国分寺駅の乗客が激増し、駅の建築物の破損や負傷者の発生まで生じるようになったため、一九一〇年に小金井村長小川義三が鉄道員総裁後藤新平に対して仮停車場の設置を請願しましたが、この時は取り下げられています[6]。

次の動きは電車化の動きでした。一九一五年七月には井の頭恩賜公園の開園に合わせて、中野以西の電車併用化を要望する陳情を、小金井村他七カ町村の有志が鉄道院総裁仙石貢宛に提出しています[7]。こうした運動が実り、一九二二年に吉祥寺~国分寺間の電車併用化が実現しました。電車併用化が実現することにより、小金井村住民の駅設置運動は再度盛り上がりを見せることとなります。電車化は駅間隔の短縮が技術的に容易になったことを意味するからです。一九二二年には小金井村への駅設置請願書が鉄道大臣、東京鉄道局に宛てて毎月のように提出されるようになりました[8]。駅敷地については小金井村内から約二五〇〇坪（約八二六四㎡）の無償寄付と、道路新設等その他費用も負担することを村長が東京鉄道局に上申するなど、村一体となった誘致活動が展開されました[9]。用地寄付については、鉄道用地にかかる地主だけを犠牲にするのではなく、有志の寄付金約一万七千円をもって地権者への補償を行うなどして負担の均等化を図った模様です[10]。また駅舎建設費も地元「小金井停車場新設期成会」の募金活動によって賄われました[11]。なかには自ら所有する畑を一反、二反と販売し、敷地寄付金に充てた住民もいたと言います[12]。翌一九二三年九月の関東大震災により行政の対応が遅れ、また東京西郊の地価が上昇し、用地補償の困難が増すなど紆余曲折を経ましたが、一九二六年一月に正式に武蔵小金井駅が開業しました。駅開設祝賀式には鉄道大臣仙石貢をはじめ多数の関係者が招待され、新駅の建設が祝われたのでした[13]。

駅周辺開発の進展

一九二六年に武蔵小金井駅が開設されたことを契機として純農村の小金井にも都市の影響が及んでいきました。当初武蔵小金井駅には改札口が南側だけに設置され、北口の改札は一九四三年のことでした[14]。道路開発も南側が先行し、一九二七年十一月には駅南口から市営多磨共葬墓地（現都立多磨霊園）に通じる道路が整備、開設されました[15]。これによって商業地が南側に開けていきました。一方北口側では一九二八年以降、駅西北部の宅地化が最初に始まりました。三〇〇〜四〇〇坪（約九九二〜一三二二㎡）の敷地の大きな住宅街には軍人の入居が多く〝軍人町〟と称されたといいます。その後駅東南の一角の宅地化が進んでいきましたが、この地域は区画がやや小さく住民の職種も様々であったといいます[16]。

陸軍研究所の建設と土地買収

一九三七年に小金井が町制をしいた時期以降、太平洋戦争を直前にして中央沿線地域は軍事工業地帯としての性格を帯びていきました。武蔵小金井駅南東部にあった村内主要工場であった帝国ミシン工場（戦後蛇の目ミシン、一九九八年に閉鎖）も軍需工場に転換されたほか[17]、同駅北口には陸軍技術研究所が建設され、一九四〇年二月、陸軍が小金井駅を中心として約十五分以内の畑地と山林を強制的に買収しました。買収は二度に渡って行われ、なかには一度目の買収で移転した自宅を二度目の買収で失った住民もいたといいます[18]。買収面積は隣接する小平の土地を含めて一七五haに及びました[19]。敷地は壁で囲まれ、トラック輸送に便利なコンクリート道路を敷くなどして、駅周辺の軍事施設化が進められていきました。研究所は敗戦により閉鎖され、跡地の一部には施設関係者が入職し、開墾を行いましたが、現在はその土地の多くが東京学芸大学、小金井市立第二小学校、同第一中学校などに継承されています[20]。

小金井公園の農地買収

また関野町では一九四〇年に約九〇haの農地が東京府に買収されています。これは紀元二六〇〇年記念行事の名を借り、「防空緑地」として東京駅を中心とする環状緑地帯を設定したもので、小金井地区では現在の小金井市、武蔵野市、田無市、小平市を含むエリアに九一haの防空緑地を設定する計画でした[21]。買収価格は坪当たり四・五～六・五円であったといいます。これらの買収農地は戦時中に食糧増産のために一部が地元農民によって耕作されていたのですが、戦後農地改革の過程で不在地主の所有地として再度買収対象に指定されました。これに対して旧所有者からの返還運動が発生し、一九四九年三月に約一一万七千坪（約三八万七千㎡）分について開放が実現しました。当時の農民の運動の経緯については眞蔵院に建立された「小金井大緑地解放記念碑」に刻まれています[22]。その後解放された農地部分以外は一九五四年一月に都市公園「小金井公園」となりました。開園当初は約八万六千㎡でしたが、その後拡張され七九万㎡強の面積を有する都内最大級の都立公園として市民に親しまれています[23]。

戦後高度経済成長期に入ると、都心に通勤する住民の転入が増えていきました。一九五九年には武蔵小金井駅北口広場が整備され、日本住宅公団緑町団地（一九六〇年）、東京都住宅供給公社本町住宅・同貫井住宅・国家公務員住宅が建設されるなど、中高層の集合住宅の建設が進められていきます。また沿線には大学や研究施設の進出も相次ぎ、東京学芸大学・東京農工大学・法政大学に加え、通信総合研究所や警視庁の自動車運転免許試験場などが建設されていきました[24]。近年では土地の高度利用をはかるため、駅周辺には中高層ビルの建設が相次ぎ、かつての純農村の風景はほとんど消滅してしまいました。

東小金井駅の建設

東小金井駅は、武蔵小金井駅よりも遅れて、戦後設置された駅です。前述しましたように、甲武鉄道開業時に同駅付近の梶谷新田地域の住民が市杵島神社に集結して駅設置に反対の運動を展開したといいます[25]。しかし武蔵小金井駅が建設された後、同駅付近の開発が進むのをみた梶谷の住民は、遅ればせながら戦後一九五七年から国鉄に対して新駅誘致運動を開始することになりました。高度成長期の物価や地価上昇のなかで交渉は難航し、国鉄は貨物駅の併設と貨物駅を含めた敷地代（約一億円）の負担を要求しましたが、これを地元は受け入れて交渉を進めました[26]。その結果、国鉄は一九六〇年一〇月に小金井市に対して新駅設置を受け入れる通達を行います。

新設場所は梶尾町五丁目付近とされ、建設資金は地元住民による新駅設置期成同盟が周辺地主から土地の寄付（四万㎡）を受け、これを担保に銀行融資受けること。事業終了後に残余土地を販売して償還を行うこと等が定められました[27]。

しかしここに来てまた大きな問題が浮上します。それは一九五六年に制定された首都圏整備法に基づく近郊地帯指定に伴うグリーンベルト計画の浮上でした。同法に基づく第一次首都圏整備計画では、既存市街地の外苑に近郊地帯（グリーンベルト）を設定し、開発を抑制するプランが示され、武蔵境駅と武蔵小金井駅の狭間で開発が遅れていた中間地域がグリーンベルト指定される観測が強まったのです。この構想に対して小金井町議会は反発し、一九五六年一一月一五日付けで近郊地帯除外を求める決議を行い、また住民も一二月二日、婦人会、商工連合会、農事組合等の代表約八〇名が集まり「緑地帯の設定は住民の私権を侵害し、将来に致命的な制約を加える。小金井住民は絶対反対する」と反対旗色を鮮明にしたのでした[28]。

首都圏整備委員会は一時、新駅設置を認める替わりに、駅以東の武蔵野市・三鷹市との境界部分のグリーンベルト化を受け入れるよう、交渉を続けましたが小金井市側の抵抗は強く、一九六〇年一二月に新駅周辺に一四二万㎡におよぶモデルタウン開発構想を立ち上げ、公団住宅等の誘致を進め、また新設駅前広場を開発するために財団法人小金井開発公社を設立し、駅前再開発計画を立ち上げることで市街地化の既成事実化を進めました[29]。全ての条件が解決され、東小金井駅が新設されたのは一九六四年九月一〇日のことでした[30]。また翌六五年に貨物駅が開業し、日産村山工場の自動車輸送の中継基地となりましたが、一九八七年に貨物駅は廃止されました[31]。東町三丁目の東小金井駅開設記念館（マロンホール）前に設置された駅の設立記念碑には駅設立の経緯が記されているとともに、新駅設置協力会役員二四名、新駅設置促進会役員一七名、そして駅設置資金の寄付者の氏名が刻まれています[32]。

複々線・高架事業と「開かずの踏切」の解消

中央線高架計画の歴史は古く、一九六九年六月に三鷹・立川間立体化複々線促進協議会が発足し、高架化・複々線化の調査がはじめられましたが、東京都とＪＲの基本協定締結と都市計画決定（一九九四年）までは長い時間を必要とすることになりました。工事が本格的に着手されたのは二〇〇一年のことであり、小金井を含む東区間では二〇〇七年七月に下り線、二〇〇九年一二月に上り線を切り替え高架化しました。これによって事業区間内にそれまであった一八か所の踏切が全て解消され、交通渋滞の緩和と安全性の向上が実現されました[33]。また高架事業に合わせて南口の再開発事業が進められ、街並みは大きく変化を続けています。

［註］

(1)大岡昇平『武蔵野夫人』（新潮社、一九五三年）引用は新潮文庫版四〇頁。
(2)小金井市誌編さん委員会編『小金井この百年・町村制施行１００年記念誌』（小金井市教育委員会、一九九〇年）三頁。
(3)小金井市誌編さん委員会編『小金井市誌Ⅳ　今昔ばなし編』（小金井市、一九八八年）四三頁。
(4)小金井市史編さん委員会編『小金井市史 資料編 近代』（小金井市、二〇一四年）二一七頁。
(5)小金井市誌編さん委員会編『小金井市誌Ⅱ　歴史編』（一九七〇年、小金井市役所）四四八～四四九頁。
(6)小金井市史編さん委員会編『小金井市史 資料編 近代』（小金井市、二〇一四年）四一九～四二〇頁。
(7)小金井市史編さん委員会編『小金井市史 資料編 近代』（小金井市、二〇一四年）四八一頁。
(8)小金井市史編さん委員会編『小金井市史 資料編 近代』（小金井市、二〇一四年）四八五～四九二頁。
(9)小金井市史編さん委員会編『小金井市史 資料編 近代』（小金井市、二〇一四年）四九二頁。
(10)「停車場用地補償覚書」小金井市史編さん委員会編『小金井市史 資料編 近代』（小金井市、二〇一四年）四九二～四九三頁。
(11)小金井市教育委員会編『小金井市の歴史散歩（改訂版）』（小金井市教育委員会、二〇一四年）二一頁。
(12)芳須緑『小金井風土記　余聞』㈱小金井新聞社、一九九六年）三九頁。
(13)小金井市史編さん委員会編『小金井市史 資料編 近代』（小金井市、二〇一四年）五〇二頁。
(14)小金井市教育委員会編『小金井市の歴史散歩（改訂版）』（小金井市教育委員会、二〇一四年）二一頁。
(15)小金井市史編さん委員会編『小金井市史 資料編 近代』（小金井市、二〇一四年）七四六頁。
(16)小金井市誌編さん委員会編『小金井この百年・町村制施行100年記念誌』（小金井市教育委員会、一九九〇年）七頁。
(17)小金井市教育委員会編『小金井市の歴史散歩（改訂版）』（小金井市教育委員会、二〇一四年）二二頁。
(18)小金井市誌編さん委員会編『小金井市誌Ⅳ　今昔ばなし編』（小金井市、一九八八年）一六九～一七〇頁。
(19)小金井市誌編さん委員会編『小金井市誌Ⅳ　今昔ばなし編』（小金井市、一九八八年）一七一頁。
(20)小金井市誌編さん委員会編『小金井この百年・町村制施行100年記念誌』（小金井市教育委員会、一九九〇年）九頁。
(21)植松猛「小金井公園のなりたち」（小金井史談会『黄金井』二〇〇九年所収）七頁。
(22)植松猛「小金井公園のなりたち」（小金井史談会『黄金井』二〇〇九年所収）九頁。
(23)植松猛「小金井公園のなりたち」（小金井史談会『黄金井』二〇〇九年所収）六頁。
(24)小金井市誌編さん委員会編『小金井この百年・町村制施行100年記念誌』（小金井市教育委員会、一九九〇年）七頁。
(25)小金井市誌編さん委員会編『小金井市誌Ⅳ 今昔ばなし編』（小金井市、一九八八年）一六二頁。
(26)小金井市誌編さん委員会編『小金井市誌Ⅳ 今昔ばなし編』（小金井市、一九八八年）二四〜二五頁。
(27)小金井市史編さん委員会編『小金井市史 資料編 現代』（小金井市、二〇一六年）三五五〜三五六頁。
(28)小金井市史編さん委員会編『小金井市史 資料編 現代』（小金井市、二〇一六年）三四六〜三四七頁。
(29)小金井市史編さん委員会編『小金井市史 資料編 現代』（小金井市、二〇一六年）三五六〜三五九頁。
(30)小金井市史編さん委員会編『小金井市史 資料編 現代』（小金井市、二〇一六年）三五九頁。
(31)小金井市教育委員会編『小金井市の歴史散歩（改訂版）』（小金井市教育委員会、二〇一四年）一七頁。
(32)芳須緑『続小金井風土記』（小金井新聞社、一九八六年）三〇〇〜三〇一頁。
(33)事業誌作成実行委員会『中央線三鷹〜立川間連続立体交差事業事業誌』（二〇一二年）一二頁。

第一〇章　国分寺市と中央線
――別荘地からベッドタウンへ（国分寺駅～西国分寺駅）

武蔵国分寺（絵葉書）

国分寺駅前の小柳九一郎翁頌徳碑（著者撮影）

そういえばいつだったか、あの国分寺書店のカウンターに、売る本をどさりと持ち込んだ学生たちが、三人もガンクビを並べてあの店のオババにおこられているのを見たことがあった。その時はたしか、オババはこんなようなことを言っていた。「あんたたちはネ、」こんなふうにいろんな全集の切れっぱしを持ってきているけれど全集ていうのがどんなものなのか、本気にマジメに考えたことあるのかい？

椎名誠『さらば国分寺書店のオババ』(1)

国分寺駅は多摩地方の中央特快の停車駅として、一日平均約一一万人と中央線の乗降客数第六位に位置する駅です。駅南口には東京経済大学や東京工業大学があり、北口には二〇〇一年に早稲田実業が移転しました。また同駅からは西武国分寺線と同多摩湖線が接続しており、津田塾大学や一橋大学の小平キャンパス（現在は移転）に通う学生も姿を見せる若者の多い街並みを形成しています。先に紹介した『さらば国分寺書店のオババ』においても国分寺が東京経済大学、一橋大学、津田塾大学の学生の集う学生街として描かれています。駅前に古書店の営業が成立するのは学生の多い街でなければ難しいとも言えるでしょう。

隣の西国分寺駅は武蔵野線との交差駅として周辺の交通の利便性に貢献しています。国分寺駅は甲武鉄道開業時に設立された五駅のひとつとして長い歴史を持つ駅ですが、当時の国分寺が開業当初から今日のように栄えていた街であったわけではありません。駅設置の経緯とその後の発展の道のりを追っていきましょう。

国分寺駅設置運動

「国分寺」という地名は、奈良時代に創建された武蔵国分寺に由来しています。国分寺駅は甲武鉄道開業時の一八八九年四月一一日に開業しましたが、同地は歴史ある街であり、甲武鉄道最初の停車駅となるのも当然であったと考える方がおられるとすれば、その認識は正確とは言えません。奈良時代に建立された武蔵国分寺は南北朝時代にすでに焼失しており、その後今日の武蔵国分寺が建立されたものの、付近を賑わわせる門前町を形成する規模には至っていませんでした。そのため甲武鉄道には当初、国分寺村（現在の本町、南町付近）に駅設置の予定はなく、小金井桜の観桜客の見込める小金井村、貫井村への駅建設を予定していたもののようです。

小金井に駅を設置された場合、当時の駅間隔からして国分寺村への駅設置は絶望的でしたので、国分寺村でも駅誘致運動が始まります。南は府中から北は所沢・川越に通じる鎌倉街道（府中街道）の経由点としての地の利をアピールし、同村への誘致を展開しました。こうしたなかで駅誘致に重要な役割を果たしたと伝えられているのが小柳孫三郎と小柳九一郎の二人です。小柳家では、甲武鉄道の敷設工事が行われた際、作業員頭を下宿させていましたが、その人物から停車場が小金井に設置される予定ではあるが、まだ正式決定ではなく、駅用意を寄付すれば誘致できる可能性があると聞き誘致活動に動きはじめたと伝えられています。二人は駅予定地の地権者と交渉し、山林の交換を行って駅の用地約三千坪（約一万㎡）の半分を小柳孫三郎、半分を小柳九一郎が寄付することで駅誘致に成功しました[2]。現在でも国分寺駅南口には小柳九一郎の頌徳碑が残されており、当時の功績が記録されています。

小柳孫三郎・九一郎の功績は言うまでもありませんが、当初の予定であった小金井を退けて国分寺村が誘致を勝ち取った決め手はなんだったのでしょう。国分寺ロータリークラブの発行した『国分寺の歴史と自然』に興味深い記述があります。蒸気機関車の鉄道として発足した甲武鉄道の駅には石炭と水の補給が欠かせませんが、国分寺村では駅の西側、現花沢橋の場所に玉川上水の分水である国分寺村分水が流れていました。同村ではこの分水を甲武鉄道に供給することになったそうです。地元の住民から反対の声もあがりましたが、北多摩郡の有力者が仲介に入り、不足分を砂川村（現立川市）から買い足すことによって一八八九年に甲武鉄道との間に水利権売渡契約を締結したというのです[3]。新田地帯の多い中央線沿線地帯において、玉川上水は貴重な農業用水源でしたが、甲武鉄道にとっても駅設置の重要条件でした。この点で国分寺村が小金井よりも優位な条件を甲武鉄道に提示できたことが駅設置の決め手となったものと考えられます。

川越鉄道・多摩湖鉄道の建設

前述したように現在国分寺駅は中央線と西武国分寺線、西武多摩湖線との接続駅になっています。このうち西武国分寺線のルーツとなったのは一八九四年に開業した川越鉄道です。同鉄道は埼玉県の所沢を中心とする入間郡、高麗郡の地方名望家等の発起によって創業した鉄道です。路線は名称の通り、現在の国分寺―東村山間を超えて、所沢から川越に至る、現在の西武新宿線の一部を含む鉄道会社でした(4)。西武多摩湖線は一九二三年に西武鉄道のルーツとなる箱根土地会社が開発した国分寺大学都市（現小平学園地区）へのアクセス手段として、関連会社の多摩湖鉄道会社により建設されました。沿線の分譲地区に加え、当時建設中であった村山貯水池（多摩湖）を観光資源として見込んだ鉄道でした。これによって国分寺村が駅設置申請時にアピールした埼玉県入間地域との接続が可能となり、交通の要衝としての発展の条件が整えられてゆきました。

駅前市街地の発展

現在北口の本町、南口の南町に代表される駅周辺は、かつては旧国分寺村の北のはずれに当たる場所であり、武蔵野の雑木林や畑の広がる場所であったと言います。当初駅は北口のみに設置されたため、駅周辺の市街地は、北口側を中心として広がっていきました(5)。甲武鉄道、川越鉄道の開業によって鉄道工事関係者や所沢方面の住民の移住が増加し、駅前市街地が徐々に広がっていったのです。国分寺村の人口も、一八九一年の二九一〇人から一九一二年の四五六二人へと増加してゆきました(6)。

そうしたなかで国分寺駅前開発に一役買ったのは、隣接する府中町（現府中市）です。甲武鉄道が甲州街道沿いの宿場町である府中を逸れて北方の国分寺村を通って開業したことに危機感を強めた府中町では、国分寺村に国分寺―府中間の乗合馬車を通すための道路（現在の国分寺街道）拡幅を申し出、土地の買収資金を府中町で全て負担するという破格の条件で実施しました(7)。この乗合馬車は国分寺駅の北口から東方面に向かう、今日の「大学通り」を起点として駅東側から線路を南に縦断して府中方面に向けて通行しました。甲武鉄道開業が周辺町村にも強い影響を与えた事例と言えるでしょう。後日談となりますが、北口大学通りから線路を南側へ抜ける道は、かつて現在のガードよりも西寄りにあり、踏切で交差していました。その後一九二九年頃、昭和恐慌下東京府の失業対策事業の一環として東側に道路を新設し、線路の下を立体交差する工事が実施され、今日に至っています(8)。

国分寺の別荘ブーム

戦前期において比較的工業化の波に洗われず、武蔵野の風景が残された国分寺には、大正期に別荘の開設があいついだ時代がありました。『国分寺市史』には、豊原別荘（東戸倉）、渡辺別荘（東恋ヶ窪）、江口別荘（現都立殿ヶ谷戸公園）、天野別荘（東元町）、今村別荘（現日立製作所中央研究所）、竹尾別荘、宇都宮別荘（東元町）などの存在が記録されています(9)。この別荘地ブームのきっかけは第一次世界大戦による、いわゆる大戦景気と中央線の電化計画であったようです。一九一四年以降の大戦景気が「成金」と呼ばれる富裕層を多数生み出したことは良く知られていますが、彼らに代表される富裕層が郊外に別荘を買い求める事例が多数みられるようになりました。また一九一六年に吉祥寺での中央線の電化延長工事が開始されたことにより、地価上昇期待を含んで国分寺周辺で別荘ブームが生じたもののようです（国分寺駅までの電車運行開始は一九二二年）。一九一七年一二月四日付の『東京朝日新聞』には国分寺停車場北口側、花沢付近の地価が、畑一反当たり八〇〇円、山林一反歩五〇〇～六〇〇円に高騰している事例があることを報じています。こうした別荘ブームは国分寺村側にとっても当時の財政難を解決する好機と捉えられ、村長の本多良助や前府会議員の小柳九一郎も別荘の斡旋に奔走したといいます[10]。

今日でも国分寺に残る別荘跡地として有名なものは、花沢にあった今村繁三の別荘です。今村は明治期の鉄道事業化、今村清之助の子で、今村銀行の頭取を務めた資産家でした。今村別荘の敷地は一六五〇〇㎡の広大な規模を誇るもので、野川の水源池を含む敷地は、現在は日立中央研究所として活用され、武蔵野の原風景を残しています[11]。当時の別荘の所有者は地元国分寺の住民との関係性が希薄であったとの記述もあるなかで、今村は国分寺村の教育費を寄付したり、新開地となった駅北口に氏神を祀る神社（現本町八幡神社）と狛犬を寄贈するなど、地域に貢献した記録も残されています[12]。また駅南口側にある都立殿ヶ谷戸庭園は、一九一三年から一九一五年にかけて旧満州鉄道副総裁であった江口定條の別荘として造成されたものです。同庭園はその後一九二九年に三菱財閥の岩崎彦弥太所有となり回遊式林泉庭園として整備されました[13]。同庭園は戦後一九七四年に東京都が買収し、都立公園として国分寺崖線の自然を残してくれています。

一九二三年の関東大震災後には、被災の激しかった東京東部から、多摩地方郊外に居を移す住民が増えてゆきました。このような流れで国分寺に移り住んだ人物として「海ゆかば」の作曲で知られる信時潔が知られています。東京音楽学校教授であった信時は関東大震災被災をきっかけとして国分寺に居を移し、中央線で上野の東京音楽学校に通勤しました。信時は一九六五年に七七歳で没するまで国分寺で過ごしました[14]。彼の作曲である「電車ごっこ」は現在ＪＲ国分寺駅の発車メロディーに採用されています。

国分寺の人口増加とベッドタウン化

大正時代、一九二〇年には約四六〇〇名程度であった国分寺の人口は一九四〇年には九〇〇〇名を超え、倍増しました[15]。これは前述の別荘ブームによる居住者の増加に加え、他章でも述べられた多摩地域における軍事工場設置の流れによるものです。一九二九年に本多新田（現早稲田実業の場所）に南部銃製作所工場が設置されました。この地は戦後一九五五年に糸川英夫博士による日本初のロケット発射実験が行われた場所でもあります[16]。その他にも、一九四〇年に小林理研製作所、一九四〇年には前述の今村別荘が日立中央研究所となったほか、東洋酸素株式会社（一九四三年）、東京碍子製作所（一九四四年）、日本航空補機株式会社、日本飛行機タイヤ株式会社など軍需に関わる企業が次々と立地しました[17]。そのためこれら工場に勤務する住民が国分寺に流入したものと考えられます。

しかしそれ以上に国分寺の都市化に決定的な影響を与えたのは戦後の高度経済成長であったで

しょう。戦時中にも疎開等によって流入した人口は、戦後も増加の速度を上げ、一九六〇年には約四万人に及び（一九六四年に市制を施行）、その後一九八〇年には九万人を超えるに至りました。流入人口の受け入れ策として、市内には都営住宅が多数建築され、その数は一九四八年の都営国分寺第一住宅から一九六一年まで九二九戸に及んでいます[18]。

その間に国分寺では一九五五年に国立駅北口が開設、一九五六年に国分寺駅南口が開設、一九五八年には国立駅北口が開設（国立駅の北口は国分寺駅と隣接している）、そして一九七三年には国鉄武蔵野線開業に伴い西国分寺駅が新設されました[19]。なかでも国分寺駅南口開設と国立駅北口開設は市民の関心が高く、前者は一九四八年、後者は一九五五年から運動が開始され、実現にこぎつけました。国立駅北口設置公費の約七割（七六七万円）を国分寺市が支出したと記録されています[20]。国立駅北口付近の平兵衛新田には、一九六四年に国鉄鉄道技術研究所（現鉄道総合技術研究所）が移転され、東海道新幹線の開発研究が行われたことから、地名も新幹線にちなんで光町と改称されました[21]。

武蔵野線は一九七三年に府中本町—新松戸間で開業されましたが、国分寺付近では一九一〇年開業の東京砂利鉄道をルーツに持つ中央本線貨物支線が以前から通っていました。同線の一部を利用して開業した武蔵野線の新駅として建設された、西国分寺駅の南口一帯には、国分寺古瓦や縄文土器のイメージを元に建物や路面をデザインした「史跡通り」が建設され、「文化と歴史と緑のまち」のイメージ発信に貢献しています[22]。こうしたインフラ整備と前後して国分寺市では徐々に市内西部に、鉄道通勤客を中心とした人口が増加していきました。

北口再開発と国分寺の今後

国分寺駅では一九八七年に駅ビル建設がはじまり、一九八九年に完成した駅ビル（現セレオ）は南口に大きく開かれることとなりました[23]。その後北口再開発の事業計画が二〇〇九年に決定され、市の玄関口としてふさわしい都市機能や活力を創出することを目的に再開発事業が進められています。東街区と西街区に地上三〇階建て以上の二つの再開発ビルが建築されましたが、大規模な再開発ビルの建設が周辺商店街のとの共存をはじめとする、街の発展につながってゆけるよう、今日も議論が続けられています[24]。

［註］

(1)椎名誠『さらば国分寺書店のオババ』（情報センター出版局、一九七九年）七八頁。
(2)国分寺市史編さん委員会編『国分寺市史　下巻』（国分寺市、一九九一年）五二五頁。
(3)創立三〇周年記念誌出版委員会『国分寺の歴史と自然』（東京国分寺ロータリークラブ、一九九六年）六九頁。
(4)前掲『国分寺市史　下巻』五二五頁。
(5)国分寺市教育委員会教育部ふるさと文化財課編『国分寺の今昔』（国分寺市・国分寺市教育委員会）七二頁。
(6)国分寺市教育委員会編『郷土こくぶんじ―国分寺市の歴史―』（国分寺市、一九七九年）四三頁。

(7)前掲『国分寺市史　下巻』五三四〜五三五頁。
(8)国分寺市史編さん委員会編『ふるさと国分寺のあゆみ』(国分寺市教育委員会、一九九三年)二五八頁。
(9)前掲『国分寺市史　下巻』六八三頁。
(10)前掲『ふるさと国分寺のあゆみ』二四三頁。
(11)前掲『ふるさと国分寺のあゆみ』二四四頁。
(12)岩崎文子『国分寺のむかしばなし』(トキア企画株式会社、二〇一七年)三七頁。
(13)前掲『ふるさと国分寺のあゆみ』二四六頁。
(14)前掲『国分寺のむかしばなし』七二頁。
(15)前掲『国分寺市史　下巻』六五三頁。
(16)国分寺市商店会連合会『みにこみ国分寺　一九九九年二月号』四頁。
(17)前掲『ふるさと国分寺のあゆみ』二七五頁。
(18)前掲『ふるさと国分寺のあゆみ』二九九頁。
(19)前掲『国分寺市史　下巻』六六四頁。
(20)前掲『ふるさと国分寺のあゆみ』二九八頁。
(21)国分寺市商店会連合会『みにこみ国分寺　二〇〇四年三月号』一一頁。
(22)前掲『ふるさと国分寺のあゆみ』二九八頁。
(23)前掲『国分寺の今昔』九二頁。
(24)国分寺市商店会連合会『みにこみ国分寺　二〇一六年三月号』九頁。

第一一章　学園都市の形成と国立市

（国立駅）

国立駅より一路多摩川（絵葉書）

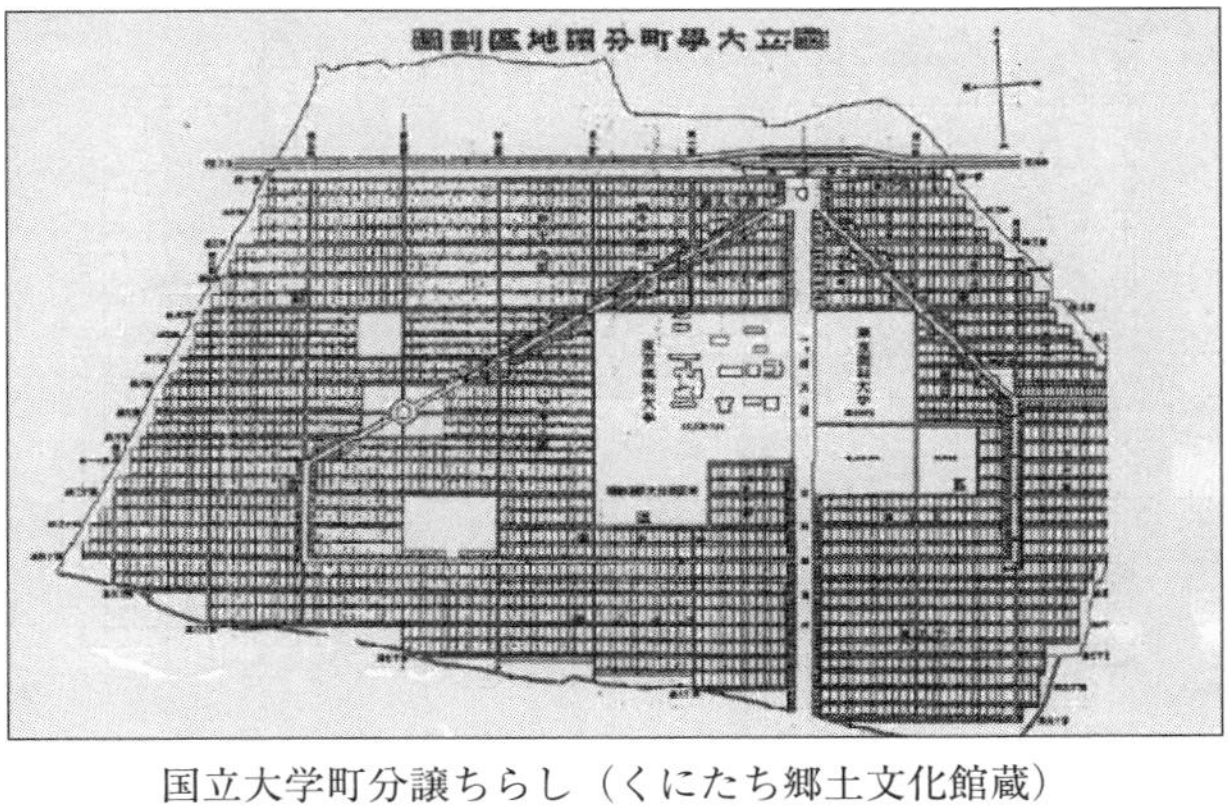

国立大学町分譲ちらし（くにたち郷土文化館蔵）

「大学通りの本屋の前あたりだ」

「じゃ、割に駅のそばだね」

「そう、そう。……ああ、そうだ、ここへ曲ってくるところに大きな桜の木があるだろう」

「いちばん古いやつね」

「その木の下でね、若い男と女が、立ったまま泣いているんだ。そんなのはちっとも珍しくないけどね、お前んところの客じゃないかと思ってね」

（中略）

この町には、国立大学のほかに、音楽学校と美術学校とがある。地方都市から出てきて、四年間ここで学んで、また帰ってゆく学生が多いのである。たいていは中学か高校の教師になるようだ。

山口瞳『居酒屋兆治』(1)

国分寺・西国分寺を出ますと中央線は切り通しを用いて段丘を下るような形で国立市に入ります。現在一橋大学をはじめとする学校が集積する文教都市として知られる国立市ですが、同市の市街地には「学校町」と呼ばれる開発の歴史があります。冒頭の山口瞳の小説『居酒屋兆治』は国立を舞台にした小説です。文中に登場する「国立大学」は一橋大学、音楽学校は国立音楽大学（大学は一九七八年に立川に移転）、美術学校は創形美術学校（二〇〇〇年に池袋に移転）のことだと推定されます。同作では地方から多くの学生が在学中に住みついては故郷に帰っていく。そうした人々と、主人公たちのような旧谷保村で産まれ育った人々から成り立つ町の人間模様が人情調で描かれています。日本で初めて文教地区指定されたことでも知られる大学町国立はいかなる経緯で作られたのでしょうか。

箱根土地による学園都市建設構想

しばしば「こくりつし」と誤読されることがある国立市（くにたちし）は、もともと北多摩郡谷保村と呼ばれていました。一八八九年に新宿―立川間で甲武鉄道が開業した時点で、谷保村に駅は設置されておらず、近隣の駅は国分寺駅、立川駅のみでした。現在「国立」と言えばＪＲ中央線の駅から主に南側に伸びる整然とした街区に象徴される文教地区がイメージされますが、谷保村は本来もう少し南側、甲州街道に沿って集落が発展してきた地域です。村の北外れ、「ヤマ」と呼ばれていた平地林を通過する甲武鉄道は、当初谷保村の生活に大きな変化を与えることはなかったといいます(2)。

谷保村に駅建設の話が浮上したのは一九二四年、関東大震災翌年のことです。谷保村役場を箱根土地株式会社の社長、堤康次郎が訪問し、同村北部（大字青柳字下はけ、大字谷保拝島道北）の山林約一〇〇万坪を買収、整備して分譲したい。その際、立川と国分寺駅の中間に新しい駅を設置し、当時神田一ツ橋にあった東京商科大学（現一橋大学）を招致し、理想的な学園都市を建設したいと申し出たのだと伝えられています。堤が買収を申し出た谷保村北部一帯は、ナラ、クヌギなどの雑木の間に点々と赤松の大樹が混じる武蔵野の平地林で、人家は一軒もなかったと言います。箱根土地側は一反歩（三〇〇坪）平均一〇〇〇円、坪約三・三円に当たる買収価格を提示したほか、立木についても別途伐採価格を設定して地元の説得に努めました。この価格は当時の土地売買価格水準が一反当二〇〇～三〇〇円であったとされていることから相当な高値ではありましたが、当時の谷保村住民にとってこの山林は堆肥となる落葉や屋根の材料になる萱芝、燃料源となる楢などの供給地となる貴重な山林でした[3]。交渉は難航しましたが、箱根土地は谷保村北部の土地買収を進めていきました。一九二五年四月時点で買収予定地九四万四四八二坪中、買収済が二一%、契約済み四三%であったとの記録が残っています[4]。

東京商科大学の移転と佐野善作

箱根土地による学園都市構想の核は東京商科大の移転でした。一九二〇年に東京高等商業学校から大学に昇格した東京商科大学は、大学の陣容を整えるためにキャンパスの移転を構想していました。一九二三年五月に北豊島郡石神井村（現練馬区）に運動場を購入しており、当初の予定は中央線沿いではなかったのかもしれません[5]。しかし同年九月の関東大震災により神田の校舎が全焼の被害にあった結果、移転計画は本格化し、箱根土地との交渉が開始されました。当時商科大学長であった佐野善作が、関東大震災直後の一九二三年九月九日に、堤康次郎に対して商大移転に関わる相談を行ったという記録が残されています[6]。移転を巡って一九二四年二月に締結された契約の内容は、焼失した神田の商大キャンパス一万坪と移転を予定する箱根土地所有の七万五千坪を交換し、差額を国債証券で箱根土地から東京商科大に支払うというものでした[7]。

佐野善作は一九二五年一月の談話において「移転と同時に小学校を開いて付近の子弟や新移住者のために初等教育の道を完備し、行々は中学校、高等女学校等をなるべく本学に縁のある人々の手で開設し、学校町の体裁を整えたい」と商大自身が大学町の形成に関わってゆく姿勢を示しました。また街づくりについても堤康次郎に対して「理想の大学都市は理想的の高尚な住宅地に囲まれてこそ初めて実現せられるのである。箱根土地の誠意ある経営に吾人は大きな期待を有つ」と述べ、また実際に箱根土地に対して分譲地の用途制限について強い要望を行ったことが証言されています[8]。佐野は一九二九年に自ら分譲地を購入して谷保村に移り住み、商科大だけではなく後述の国立学園小学校の設立等に積極的に関与していきました[9]。

こうした商科大側の強い要望もあり、大学町には商科大移転前から国立学園小学校（一九二六年四月設立）、東京高等音楽学院（現国立音楽大学、一九二六年一〇月国立に移転）など次々と学校の誘致が進み、学校町としての実体が形成されていきました[10]。特に国立学園小学校は堤が創立し、佐野が顧問に就任するなど、学園都市の理念を象徴した存在であったと言えるでしょう[11]。その他にも一九二五年に日本初の精神障害児教育施設である滝乃川学園が谷保村に移転したことも特筆されます[12]。商科大の移転は一九二七年四月一日に付属商学専門部と付属商業教員養成所が移転され、一九三〇年九月一日に東京商科大学本科の移転が行われました[13]。

学園都市の設計

一九二五年九月に文部・大蔵省から商大移転の認可が降りると、商大と箱根土地は再び契約を結び、国分寺駅から大学敷地まで幅五間以上の道路をつくること（当時まだ国立駅は完成していないので、最寄駅が国分寺駅であった）、一九二六年六月までに中央線に停車場を建築し鉄道省に寄付すること、同期限までに開発地内の道路・上下水道と電力供給施設を完成すること等を約束しました[14]。また「覚書」において①停車場の用地は三五〇〇坪以上とし、鉄道省の指導に従って、交通と外観とを考慮して入念に建築すること、②新設停車場には相当の広さの広場を設け、ここから大学の敷地を貫通する幹線道路の幅は二四間とすること。ただし、大学の用地を通過する部分については三〇間幅とすること。このほかに、停車場を起点として、幹線道路と約四五度の角度の放射線状の道路と幹線道路に直交する道路をつくり、それらのうち主要道路の幅は一〇間とし、それ以外の道路は二～五間として、できるだけ整然とした区画をつくるように設置すること等が定められました[15]。

この「覚書」を反映して、箱根土地は地主との契約を済ませ、学園町の街区を建設していきました。駅前（南口）には広大な広場（現ロータリー）を設け、駅から南方に向けて幅広い大通り（現学園通り）と駅から放射状に広がる道路（現「富士見通り」と「旭通り」）が作られました[16]。この放射道路は「覚書」で記された四五度ではなく、西側の富士見通りは道路の先に富士山が望める角度に設計した点に工夫が見られます。この放射状道路を用いた街区設計の類似例として、かつて「満州国」首都とされた新京（現長春）に今日でも見事な放射状道路が残されています[17]。「満州国」の設立は一九三二年であり、国立の開発よりも後になりますが、それ以前から長春では南満州鉄道付属地の開発が進められていたという説もあります[18]。箱根土地による造成工事には当時三千人と言われた労働者が動員されましたが、その過半が朝鮮人労働者であったという話も残っており、当時の国立大学町開発の背景にも日本の帝国主義と植民地支配の影をみることができるのです[19]。

当初「国立大学町」と名付けられた住宅地は一九二五年秋ごろから分譲が始まりました。当初東京商科大関係者には特別割引価格で分譲が行われたようです[20]。翌二六年一月から一般の分譲もはじまりました。分譲に際してはトタン屋根やバラック建ての建物および「工場や風儀をみだすような営業は絶対にお断りせねばなりません」と宣伝ビラに記されるなど、後の文教地区指定につながるような文言が姿を見せています[21]。「国立」という名称の由来については、堤康次郎による「この地から国が立つ」という意味で命名したという回顧と、箱根土地の社員の証言による、社内懸賞の結果「国分寺と立川の間から命名された」という説があります[22]。その他に移転してくる商大の教授会においても「谷保」の地名を忌避して（谷保村に対して失礼な話だと思いますが）「国立」を推奨したという話が残っています[23]。

話を戻しますが大学町の分譲は当初順調とは言えませんでした。分譲地は当初大通り沿いの商店地が坪一〇〇円から五〇円、住宅地が坪四八円から二八円の間で売り出されましたが[24]、当時の谷保村は都心から遠かったうえに折からの昭和恐慌の影響もあり、坪九〇円はおろか坪五円でも買い手がつかず、箱根土地の経営を不振に陥れました。その結果、谷保村地主への土地買収代金の支払いが滞り、当初の提示額が満額支払われない事例が生じました[25]。生活に窮した零細の地主に対して、有力地主が支払われた一部金を分配した事例もあったそうです[26]。

一方で新しい町である大学町の住民も一九二八年九月に昭和天皇即位大典をきっかけとして国立町会（国立会）を結成しました。町会の活動として特筆すべきは大学通りの桜並木の植樹です。学園通りには商科大の卒業生が一九三一年に西側校舎前に植樹した銀杏並木がありましたが、一九三三年の皇太子（現明仁上皇）の誕生を祝い、一九三四年から三五年にかけて学園通りの両側の緑地帯に青年団とともに桜の木を植樹し、桜と銀杏が交互に並ぶ形に整備されたのです。その結果、現在の学園通りは春と秋にそれぞれ桜と銀杏が大学通りを彩る景観をかたちづくることとなりました[27]。

国立駅の開業

商科大の移転が決まり分譲が始まると当然駅の設置が必要になります。一九二五年に箱根土地から鉄道大臣宛に新駅開設の請願書が出されました。これに商科大学の佐野善作学長からの請願が加わったこともあり、新駅開設許可はスムーズに行われ、翌一九二六年四月一日に新駅国立駅が開業しました[28]。駅名の決定は、一九二六年三月の駅舎完成直前に「国立（くにたち）」と決定しました。駅舎は洋風三角屋根の特徴的なデザインで建築され、ライト式建築に通じていた箱根土地の社員が設計したと記録されています[29]。開業当初は電車が国分寺までしか運行しておらず国立駅は汽車のみの停車でした。電車が立川駅までの営業をはじめたのは一九二九年六月一五日ですが、同年三月からは試運転が行われていたようです[30]。ただいずれにせよ商科大の商学専門部と商業教員養成所は一九二七年四月に国立での授業を開始していましたので、それまでの約二年間、商科大の学生が国分寺から徒歩で大学に通う姿も見られたとのことです[31]。当時国分寺から二㎞余の起伏の多い道のりを徒歩で通学した学生の苦労が、大学東側の坂道、「多摩欄坂」の名称に遺されたという説もあります[32]。

堤康次郎は国立大学町のアクセスを中央線だけに頼らず、独自路線を敷設する構想も持っていました。一九二六年に渋谷—国立間を接続する多摩川急行電気鉄道の敷設を申請しています。しかしこの計画は政府により必要性が低いとの理由で却下されてしまいました[33]。その他、堤による計画以外にも国立駅に接続する鉄道として、大学通り中央を通る京王電気軌道の新線が構想され、一九二七年に免許が認可され、また多摩川の砂利輸送を主とする武蔵砂利鉄道が国立・西府村間の敷設免許を一九二九年に取得しましたが、これらの構想はいずれも開業には至らず幻の計画となってしまいました[34]。

国立文教地区の誕生

前述しましたように現在の国立市は全国で初めて「文教地区」に指定された市として知られています。この文教地区指定については戦前の大学町の歴史とともに戦後の国立を巡る環境が関連しています。戦後隣接する立川の飛行場は米軍に接収され、米軍兵士が多く進駐していたほか、市街地には米軍兵士を相手とする歓楽街が広がっていきました。その影響は隣接する国立町（一九五一年三月に谷保村から改名）にも影響を及ぼし始めていたのです。歓楽街の拡大と影響は一九五〇年六月に朝鮮戦争が勃発するとより顕著になったと言います。これに対して一九五一年五月、国立町住民による国立町浄化運動期成同志会が結成されました[35]。議論は歓楽街拡大の影響から子供をどう守るかという点に広がりました。これに一橋大学（一九四九年五月に新制一橋大学に改称）や国立音楽大学（一九五〇年二月に改称）の学生・教職員も加わり国立町浄化大学学校連合会が結成されました[36]。一連の運動はやがて一九五〇年一二月に公布された東京都文教地区建築条例に基づく文教地区指定の実現に向かって行くことになりました。都で条例が制定された当時、国立も候補に挙がったのですが見送られた経緯があったことから、住民運動によって指定を受けようという方向性になったのです[37]。この運動に対しては町の経済的発展を制約するのではないかという観点からの反対も根強く、一九五一年七月四日町議会において、一度は文教地区反対請願が採択されましたが、文教地区推進派もあきらめず運動を続けた結果、同年八月九日の特別委員会において反対請願が却下され、文教地区指定請願が採択されることになりました[38]。

一九五一年一一月三〇日の東京都都市計画審議会で国立町の文教地区指定が可決され、五二年一月六日に建設大臣から正式に認可されました。全国市町村で初の指定であったのです[39]。

戦後の市街地開発と景観問題

戦前には人口増加も緩やかであった国立ですが、戦後の疎開者、復員者の流入をきっかけに人口増加の軌道に乗り始めました。一九四六年から四七年にかけて甲州街道、南武線沿いの谷保本村地区の人口を中央線沿いの国立地区が追い抜き、高度経済成長期にもその傾向が続くこととなりました[40]。こうしたなかで、一九六五年には国立文教地区と谷保地区の中間地点に富士見台団地が完成し、一挙に八〇〇〇人の新住民が増加することとなりました。これは一九五五年に発足した日本住宅公団が多摩地域の公団団地建設地候補として南武線谷保駅北側地域に注目したことに、国立町が応じたものでした。公団と国立町の協定書は一九五九年四月に調印され、都市計画法に基づく国立土地区画整理事業によって用地が確保されたものです。事業に伴って設置された小学校・公園等の用地は区画整理事業の協定減歩地から確保されました[41]。これによって国立市には南部の谷保本村地区と北部の国立文教地区、そして中間部の団地地区（富士見台一～四丁目地区）の三つの市街地が形成されるようになったのです。

住宅地化の進む戦後の国立では、文教地区指定運動の後にも地域の景観を守る景観運動が繰り広げられてきました。近年代表的な事例は一九九三年に浮上した大学通り沿いのマンション建設計画を巡る景観訴訟問題です。大学通りの大型マンション建設に反対する運動を支持する形で国立市が、前年に成立した国立市景観形成条例を基に事業者を相手取って建物の高さ制限を求めたものでした。この問題を巡ってはマンション建築の合法性を巡る訴訟と、市側の行政措置の妥当性を巡る訴訟が飛び交う、大きな問題となりました。訴訟は長期化し、二〇一六年まで続きましたが、国立市が市民の居住環境に強い関心を持つ自治体であることを知らしめる事件であったと言えるでしょう(42)。

二〇〇六年中央線連続立体交差事業の一環で三角屋根の国立駅舎は解体されることになりました。市のランドマークとしての駅舎の消滅を惜しむ市民の声を受けて、国立市は将来の駅舎復元を目指して駅舎の部材を保存してきました。その後ＪＲとの協議を経て二〇一七年二月に旧駅舎の復元用地を取得し、旧駅舎の復元が開始されました。工事は二〇二〇年に完成し、三角屋根の駅舎が再び大学通りの起点に姿を現したのです(43)。

［註］

(1)山口瞳『居酒屋兆治』（新潮社、一九八二年）参照は新潮文庫版一三一〜一三三頁。
(2)原田重久『国立風土記』（逃水亭書店、一九六七年）五三頁。
(3)前掲『国立風土記』五三頁。
(4)国立市史編さん委員会編『国立市史下巻』（一九九〇年）八三頁。
(5)『くにたちの歴史』編さん専門委員会編『くにたちの歴史』（国立市、一九九五年）一六一頁。

(6)前掲『国立市史下巻』(一九九〇年)八六頁。
(7)前掲『国立市史下巻』八五~八六頁。
(8)田崎宣義「国立学園都市における国立学園小学校」(大西健夫・堤清二『国立の小学校』校倉書房、二〇〇七年所収)一四四~一四五頁。
(9)長内敏之『国立大学町の誕生―後藤新平・佐野善作・堤康次郎との関わりから―』(けやき出版、二〇一三年)一五五頁。
(10)前掲『くにたちの歴史』一七一~一七二頁。
(11)国立町史編纂会『谷保から国立へ』(一九六二年)三二頁。
(12)前掲『くにたちの歴史』一七四頁。
(13)前掲『国立市史下巻』一〇七頁。
(14)前掲『くにたちの歴史』一六二頁。
(15)前掲『国立市史下巻』九一頁。
(16)前掲『国立風土記』五四~五五頁。
(17)前掲『国立市史下巻』九三頁。
(18)前掲『国立大学町の誕生―後藤新平・佐野善作・堤康次郎との関わりから―』五八~五九頁。
(19)前掲『国立市史下巻』九〇頁。
(20)前掲『国立市史下巻』九七頁。
(21)前掲『国立市史下巻』一〇〇頁。
(22)前掲『くにたちの歴史』一六九頁。
(23)前掲『国立市史下巻』九四~九五頁。
(24)前掲『国立市史下巻』九八頁。

(25)前掲『くにたちの歴史』一七七頁。
(26)くにたち郷土文化館『学園都市くにたち―誕生のころ』(くにたち郷土文化館、一九九八年)一九頁。
(27)くにたち郷土文化館『くにたち あの日、あの頃』(財)くにたち文化・スポーツ振興財団、二〇一七年)三七頁。
(28)前掲『国立市史下巻』一〇四〜一〇五頁。
(29)前掲『くにたちの歴史』一六九頁。
(30)前掲『国立市史下巻』一〇五頁。
(31)前掲『国立市史下巻』一〇八頁。
(32)前掲『国立市史下巻』一一四頁。
(33)くにたち郷土文化館『学園都市開発と幻の鉄道』(株)くにたち文化・スポーツ振興財団、二〇一〇年)五一頁。
(34)前掲『学園都市開発と幻の鉄道』五六頁。
(35)前掲『国立市史下巻』二二七頁。
(36)前掲『くにたちの歴史』二〇七〜二〇八頁。
(37)くにたち郷土文化館『まちづくり奮戦記』(くにたち郷土文化館、二〇〇〇年)三七頁。
(38)前掲『国立市史下巻』二五六〜二五九頁。
(39)前掲『国立市史下巻』二六二〜二六三頁。
(40)前掲『くにたちの歴史』二一四頁。
(41)前掲『国立風土記』四五〜四六頁。
(42)五十嵐敬喜・上原公子編『国立景観訴訟』(公人の友社、二〇一二年)一一八〜一二七頁。
(43)国立市都市整備部国立駅周辺整備課「旧国立駅舎活用方針報告書」二〇一七年。

第一二章「空都」立川の発展史（立川駅）

立川飛行第五大隊正門（絵葉書）

神風号（絵葉書）。1937年に立川飛行場から出発し、ロンドンへの飛行に成功した。

立川駅での乗り換え意外な時間を待たねばならなかった。で、二人して近所の多摩川の岸まで出て見る。広い岡のようになって打ち開けた桑畑の中に中学校が立っている。その側を通って四、五町ほど行くとすぐ川に出た。連日の雨で水がだいぶ増している。我らの立っている岸の田圃の水も青草の畦を越してそちこちに音を立てながら流れている。「ホタルが居そうですね」「今度きっと沢山見られますよ」やがてようやくそこを出た小さな汽車は、暮れかけてきた野原を次第に山の根に近づいて行った[1]。

若山牧水『渓のながれ木』

右の文は若山牧水の『渓のながれ木』の一節です。御岳山に詣でる途中に立川駅で乗り換え時間を利用して、多摩川の畔まで散策した様子が描写されています。「中学校」とあるのは、府立二中（現都立立川高校）のことでありましょう。

立川は中央線の元となる甲武鉄道が一八八九年四月に開業した際に、最初の終点となった駅です。JR中央線と青梅線、南武線との分岐駅であり、また一九九八年に開業した多摩都市モノレールとも接続することにより、東京西部における交通の要衝として発展を続けている街でもあります。立川という地名は中世に同地を拠点にしていた豪族、立川氏に由来するものと考えられていますが、江戸時代には現在の立川駅付近は柴崎村と呼ばれていました[2]。柴崎村は立川駅南方の多摩川沿いに展開した集落であり、駅の北口方面、五日市街道に沿って広がる市街地はかつて砂川村（町）と呼ばれた江戸時代の開発新田を由来とする地域です。明治になり一八七八年に西多摩郡、南多摩郡、北多摩郡が設置された際、砂川村、柴崎村は北多摩郡に属することとなりましたが、北多摩郡には調布に同じ「柴崎村」が存在していたため、重複を避けるため立川の柴崎村が「立川村」を新村名とすることを願い出て認められたという経緯があったのです[(3)]。

明治時代初期においては砂川村、立川村はともに養蚕業が盛んな農村地帯でした。特に砂川村は蚕の生育に必要な桑苗の産地として知られており、桑苗の出荷や蚕種の購入において甲武鉄道が重要な役割を果たすことになりました。

用地買収と駅設置問題

立川村、砂川村の両村は甲武鉄道計画が浮上した時点では周囲の八王子や府中に比べればそれほど大きな村とは言えませんでした。そのため甲武鉄道計画が浮上した際、立川村柴崎の板谷元右衛門や砂川村の砂川源五右衛門などは、境村の秋本周平らと共に積極的に陸蒸気誘致運動を推進したといいます[(4)]。

甲武鉄道建設時に多摩川北岸立川村では村内を鉄道が通過した結果、鈴木源八居宅・土蔵のほか十四軒の家で立ち退きが発生したことが記録されています。ただ立ち退きに関わる移転料は居宅が坪当五円五十銭、土蔵は同二十円、井戸三十五円でした。当時の米価が一石五円程度であったことからこの移転料はかなり手厚いものであり、その結果、移転を巡るトラブルは立川村ではあまり表面化しなかったものと考えられています[(5)]。ただ線路設置には大きな反対が見られなかった反面、駅の設置場所については、当初立川村の中心部に近い諏訪神社付近が適当とされていたのに対して、地元の反対が生じ、柴崎村の中心部から北側に外れた原市場と呼ばれる人家一軒もない桑畑の中に落ち着いたと言われています[6]。

駅舎は北か南か

立川駅設置時において駅舎は線路の北側に設置されました。橋上駅や駅ビルが一般化した今日では目立たないことですが、当時は駅舎、すなわち改札口が線路のどちら側に設置されるかによって駅周辺の発展に大きな差がつく状況にありました。当時立川村の中心集落であった柴崎は駅の南側にありましたから、これは一見不思議なことでありました。この理由について立川駅設立期の事情を研究した小野一成氏は蒸気機関車の給水・洗浄に必要な水（柴崎用水）の提供について立川村の一部から難色が示され、これに対して駅北側の砂川村が用水（芋窪用水）提供を申し出た結果、甲武鉄道は砂川村方面の線路北側に駅を設置したとの解釈を示しています[7]。立川村ではその後駅の敷地の寄付を申し出て駅舎を南側に設置してもらうよう要望しましたが果たせず、立川駅に南口が設置されたのは南武鉄道が開業した一九三〇年まで四〇年近く経ってからのことでした。国分寺駅設立期にも存在したことですが、蒸気機関車にとって必要な用水提供で協力的な姿勢を見せた地域が駅設置条件で優位を得た事例を、ここでも見ることができるのです。

多摩川架橋を巡る要望

そのほか甲武鉄道建設時に問題となったのは、立川から日野に渡る多摩川鉄道橋を巡るものでした。甲武鉄道による鉄橋計画は多摩川北岸の普済寺付近から橋桁までの約百十間（約二〇〇m）を築堤で結ぶものでありましたが、当該地点は多摩川の流れが細くなり、江戸時代に度々洪水を起こした地点であったことから、立川村はじめ周辺の拝島村、中神村等から築堤ではなくすべてを橋脚に変更してもらうよう請願を行ったのです。これに対して神奈川県当局（当時立川村は神奈川県に属していました）は洪水対策を十分に見込んであることを理由に却下するという一幕がありました[8]。当時の人々にとって川沿いの鉄道建設が洪水リスクを高めるものと認識されていたことがわかるエピソードです。

駅前開発と府立二中の開設

立川駅が設置された地域は立川村と砂川村の境に近い地域で、周辺一帯に人家は少なかったようです。そのため駅が開業すると周囲の無人の畑や林を開発して居住する住民が増え始めました。代表的存在は立川村総代であった鈴木平九郎で、駅開業と同時に貨物取扱業同盟社を設立し、貨物営業の仲介を行ったほか、駅舎関係建設工事までを請け負い、駅付近での営業に先鞭を付けました。また駅設置に奔走した板谷元右衛門は駅前で最初の新聞店を開き、三多摩自由党員の草分けで後に北多摩郡会議長に就いた中島治郎兵衛は駅前に郵便局を設置して営業を行いました[9]。

その他、立川村の次三男や周辺地域から商業的成功を目指した人々が乗降客を相手にした運送屋・材木屋・食堂を開業し、後に「停車場組」と呼ばれるようになる、駅前集落を形成していきました。貨物の流通は砂川・村山方面からの生糸・桑苗・薪炭などが多く、駅北側の砂川村方面が最初に開けてゆくことになったのです[10]。とはいえ開業当初の立川駅は貨物中心の駅という性格が強く、一八九一年に甲武鉄道は多摩河原に引き込み線を設置してバラスト用砂利の採取事業を開始しました。この砂利貨物が営業収入に貢献した結果、明治年代においては旅客収入では八王子に及ばなかったにせよ、貨物収入では上回るようになっていったのです[11]。

甲武鉄道の開業後、多摩地域に東京で二番目の中学校を建設する計画が浮上しました。この背景には一八九三年にいわゆる三多摩地域が神奈川県から東京府に編入されたことがあったのですが、東京府立第一中学校（現都立日比谷高等学校）に次ぐ府立中学校の設置先は多摩地域に求められることとされ、八王子町と立川村が誘致を争った結果、一九〇一年に東京府第二中学校（現都立立川高等学校）が立川に開校されることとなったのです[12]。

その後国営の中央線となって以後、徐々に電化が進められてゆくなかで、飯田町―中野間の電車営業がはじめられた一九〇六年から国分寺―立川間の電化運転が開始されたのは一九二九年と、二〇年以上遅れてのことでした[13]。理由の一部は国分寺―立川間の複線用地買収と同区間の切り通し工事が難航したことにあったと言われています[14]。電化により電車の運行間隔が短縮され、沿線の賑わいはより大きくなりました。また一九二〇年に南武鉄道（現ＪＲ南武線）の立川延伸の話が浮上すると、地元地権者の中島市次郎を組合長とする立川第一耕地整理組合は南武鉄道と覚書を結び、立川駅に南口を設置することを条件として南口設置に必要な敷地と線路増用地を査定原価で南武鉄道に引き渡すという交渉を行いました。これによって一九三〇年立川駅に南口が開設されると一面の桑畑であった南口一体も耕地整理が進められ、市街地化が進行していったのです(15)。

「空都」立川の形成

甲武鉄道開業後の立川に最も大きな影響を与えたのが、飛行場建設でした。一九二一年に武蔵野の平野において特別大演習が行われ、立川停車場前には本部事務執行の出張所が設置されました。翌一九二二年に岐阜県各務ヶ原の航空第五大隊（後に飛行第五大隊、飛行第五連隊）が立川村原市場（現立川駅の北西部一帯）に移転されることが通達され、飛行場用地の測量が開始されたのです。その結果、立川村約一四五町歩、砂川村約二町歩（計約一四九万㎡）の山林と桑畑が接収され、芝生の滑走路が建設されました(16)。用地買収価格は坪当二円六〇銭平均であったとされ、当時の地価が坪五円程度であったと言われていますので、かなり安い価格で買収を強いられた模様です。反発した現地の小作農家が反対争議を起こしましたが、地主側も止むを得ずの買収であったことから、三年間分の小作料の前払いを受け、これをそのまま離作料として返却するという形で決着したと記録されています(17)。後年一九三三年における陸軍航空本部補給部の立川移転交渉では坪当九円五〇銭～一一円で買収がなされたとの記録があり、条件はかなり好転した模様です[18]。買収代金を小切手で受け取った地元農民が、初めて見る小切手を手に、不思議な顔をして戻ってきたというエピソードも伝えられています[19]。一九二二年六月一四日に開催された第五連隊工事落成・連隊創立記念祝賀会では乙式一型偵察機などによる飛行演習のほか、仮装行列・演劇・角力の余興も催され観覧者約一万人と、立川村はじまって以来の賑わいとなりました[20]。航空第五大隊の移転により立川村には軍関係者の来住や民間航空会社の立地が続き、立川駅から飛行場につながる通りには商店が増加し、賑わいをみせるようになりました。企業の立地では一九三〇年に立川に移転してきた石川島飛行機製作所（一九三六年に立川飛行機株式会社と改称）の進出が特に大きなものでした[21]。人口も増加した結果、一九二三年立川は町制をしくに至ります[22]。

立川飛行場では当初、民間機の離発着も認められていました。一九二七年に日本で最初の民間航空会社が設立され、二九年には初めて民間定期航空路が開かれると、外国人、社用旅行者、見学の修学旅行団体等によって飛行場は賑わいを見せました。特に人気を博したのは日本空輸会社による日曜遊覧飛行であり、一人五円の料金で立川から相模灘付近を周回するコースに日曜日になると数百名の来客が押し寄せたそうです[23]。しかし一九三一年に満州事変が勃発すると、軍用機の離発着が増加したうえ、機密保持上の規制が厳格化し、民間航空会社は新設の羽田飛行場に次々と移転し、立川は軍用飛行場としての性格を強めてゆきました[24]。その後アジア太平洋戦争期に立川は米軍による空襲の標的となり、十三度に渡る空襲によって死者二九〇名、罹災者総数四一一三名という大きな被害を受けることにもなりました[25]。空襲対策として一九四四年から建物疎開が実施され、立川駅前から飛行場にかけての一帯約九万㎡四〇〇戸が対象となりました[26]。疎開に当たっては一九三七年時点の坪当時価を基準としてその六倍、坪三〇〇円～四〇〇円の補償料が提示されています[27]。戦時下という事情に加え、高額な補償料の効果もあって疎開作業は順調に進行し駅北口周辺には広大な空間が形成され、戦後の市街地再開発の基盤を提供することとなりました。ただし終戦直前の支払いであったため、補償金を受け取ったは良いものの、戦後の預金封鎖で多くを失ってしまった事例も多発したようです[28]。

砂川事件

戦後の立川を全国的に有名にした事件として、いわゆる砂川事件にも触れないわけにはいかないでしょう。立川飛行場の建設過程で砂川村が飛行場に提供した土地は一二一町歩に及び移転家屋も七〇～八〇戸に及びました。戦後立川飛行場が米軍に接収されると、今度は飛行場の拡張のために接収が再開され、一九五三年九月までの接収面積は戦前の分を含めて約二四四町歩に達したといいます[29]。米軍による飛行場使用のため多摩川の砂利掘削が増加して府中用水の水位の低下が起こったり、飛行場のガソリンタンクの地下流出により高松町、富士見町、柴崎町の井戸が汚染され、市民が飲料水の配給を受ける事態などが生じることとなりました[30]。

このように戦時期・占領期に大きな犠牲を払ってきた砂川の住民に火をつけたのが一九五五年五月に東京調達局が砂川町に通達した「基地拡張計画案」でした。同計画は立川飛行場の滑走路を北側に延長するため、砂川町の中心部ともいえる砂川四番、五番地域の一部を接収するものでした。町の動脈とも言える五日市街道を分断する同計画に、町長宮崎伝左衛門はじめ町議会、町民は一斉に反対の態度を示し、調達局と対決姿勢が取られることとなりました[31]。一九五五年から五六年にかけて政府による買収用地の測量隊、機動隊と、これに抵抗する住民、学生の衝突は数百名の重軽傷者を出し、全国に「砂川事件」の名を広めることとなりました[32]。

問題は長期化し、砂川の住民内でも相互に反目が生じ、親戚同士で付き合いが断たれるなど、住民の苦しみも深まっていきました[33]。一九六二年一二月に闘争のさなか宮崎町長が脳出血のため急逝するという悲劇もありました。一九六三年三月には東京地裁で砂川町長に収用予定地の公告、縦覧を命ずる判決が出され、これに基づき一九六三年四月六日に土地収用公告がなされることとなります[34]。しかしその後立川基地の拡張は実際には行われず、一九六八年一二月、アメリカ軍は滑走路の拡張計画の中止を決定しました[35]。その後砂川事件の幕引きを図るかのように、砂川町の立川市への買収計画が進められ、一九六三年五月一日に砂川町は立川市と合併してその一部となったのです[36]。

戦後立川の発展

戦後立川駅北口広場には露店やテント張りの闇市が広がり、基地付近では英語の看板を掲げた外国人相手の商売が盛んになりました[37]。しかし復興が進むにつれ、これらの闇市は徐々に姿を消し、立川駅周辺の再開発が進められていきました。戦後真っ先に立川に進出したのは百貨店伊勢丹で、一九四七年当初は南口に出店しましたが、一九五二年に北口に移転し、五六年に駅前大通りの現在地に再移転しました[38]。その後高島屋系の集合店舗である立川銀座デパートが一九六一年に開店、翌六二年には立川地元商業者によって建設された中武デパート（現フロム中武）が開店と、駅北側に次々と大型店が出店するに至りました[39]。

また立川駅ビルについては駅の南北に駅ビルを、国鉄と地元資本の共同出資による、いわゆる「民衆駅」方式で建設する構想が一九六一年に浮上しますが、国鉄と地元の意見調整や南口の区画整理が難航した結果、事実上頓挫するに至ります[40]。そのほか国立駅―立川駅間に新駅「東立川駅」の建設構想が浮上し、一九六〇年に国鉄総裁の新設許可が出ましたが、建設資金分担を巡る立川市と国立町の調整の不調により今日に至るまで実現をみていません[41]。

立川市の一部となった砂川地区では一九六〇年代以降、大山団地、けやき台団地、富士見町団地など立川市北部の住宅地区として大型の住宅団地の建設が進められていきました。一九六八年には西武拝島線が市北部を東西に横断する形で開業しました[42]。元立川飛行場であった米軍基地は一九七七年に日本に全面返還され、陸上自衛隊立川駐屯地、海上保安庁・警視庁・東京消防庁などが置かれる立川広域防災基地となりました。また基地中央部は一九八三年には昭和天皇在位五十年事業として国営昭和記念公園が開園しました。近年では跡地残部において、「ららぽーと」やＩＫＥＡ等の商業施設の開業が相次ぎ、街の発展に貢献しています。こうして東京西部の中心として発展を続ける立川の開発地域が、戦前において用地接収を受けた地元住民の犠牲と戦後砂川の住民の苦難の歴史の上に立つものであることは記憶されるべきだと思います。

［註］

⑴立川市ほか『立川駅百年』（けやき出版、一九八九年）八九頁。

⑵立川市教育委員会『立川のあゆみ』（立川市教育委員会、一九七七年）七～八頁。

⑶前掲『立川のあゆみ』七八～七九頁。

⑷小野一成「甲武鉄道と立川」（立川市史編纂委員会『立川市史研究第二冊』一九六五年所収）一〇二頁。

⑸前掲「甲武鉄道と立川」一〇二～一〇五頁。

⑹前掲『立川駅百年』三二～三三頁。

⑺前掲「甲武鉄道と立川」一〇六～一〇七頁。

⑻前掲「甲武鉄道と立川」一〇八～一〇九頁。

⑼立川市史編纂委員会『立川市史　下巻』（立川市、一九六九年）九二九頁。

⑽前掲「甲武鉄道と立川」一一四頁。

⑾前掲「甲武鉄道と立川」（立川市史編纂委員会『立川市史研究第二冊』一一九～一二〇頁。

⑿立川市教育委員会『立川の昭和史　第二集』（立川市教育委員会、一九九九年）一〇～一一頁。

⒀前掲『立川駅百年』七一頁。

⒁前掲『立川の昭和史　第二集』二三二頁。

⒂山本宗録「軍都としての立川の発展」（立川市史編纂委員会『立川市史研究第十冊』、一九六九年所収）七九頁。

⒃前掲「軍都としての立川の発展」五三頁。

⒄三田鶴吉『立川飛行場物語』（西武新聞社、一九八三年）一七頁。

⒅関治雄「立川飛行場と立川」（立川市史編纂委員会『立川市史研究第十冊』、一九六九年所収）一〇二頁。

⒆前掲『立川飛行場史』二二五頁。

⒇前掲「立川飛行場と立川」九二～九三頁。
(21)前掲『立川の昭和史　第二集』二〇頁。
(22)前掲『立川のあゆみ』一〇六頁。
(23)前掲「軍都としての立川の発展」九七頁。
(24)前掲『立川のあゆみ』一〇八～一一〇頁。
(25)前掲『立川のあゆみ』一一六頁～一一七頁。
(26)森信保『立川の歴史と史跡探訪』（立川市シルバー大学講座資料、二〇一五年）一〇五頁。
(27)立川市教育委員会『立川の昭和史　第一集』（立川市教育委員会、一九九六年）六三～七〇頁。
(28)前掲『立川の昭和史　第一集』二三七頁。
(29)砂川町『砂川の歴史』（砂川町、一九六三年）一三九～一四〇頁。
(30)前掲『立川の歴史と史跡探訪』一一三～一一四頁。
(31)前掲『砂川の歴史』一四〇～一四一頁。
(32)前掲『立川の歴史と史跡探訪』一一八頁。
(33)宮岡政雄『砂川闘争の記録』（三一書房、一九七〇年）四九～五〇頁。
(34)前掲『砂川の歴史』一四一頁。

(35)前掲『立川のあゆみ』一二四～一二五頁。
(36)前掲『砂川の歴史』一四二～一四三頁。
(37)前掲『立川のあゆみ』一一八～一一九頁。
(38)中野隆右『立川―民間が拓いた戦後―』(ビオ・マガジン、二〇一一年)一二二～一二三頁。
(39)前掲『立川―民間が拓いた戦後―』一二六頁。
(40)前掲『立川―民間が拓いた戦後―』一六二～一八六頁。
(41)前掲『立川―民間が拓いた戦後―』一八七～一八八頁。
(42)前掲『立川のあゆみ』一三四頁。

第一三章　日野五社と団地の街

（日野駅～豊田駅）

百草園（絵葉書）

多摩川橋梁（著者撮影）。橋脚に日野煉瓦が用いられている。

百草園に来た。もと松蓮寺の寺跡で、今は横浜の某氏が別墅になって居る。境内に草葺の茶屋があって、料理宿泊も出来る。茶屋からまた一段堆丘を上って、大樹に日をよけた恰好の観望台がある。（中略）東京近在で展望無双と云わるゝも誣ではなかった。（中略）二人は茶菓の代を置いて、山を下りた。太田君はこれから日野の停車場に出て、汽車で帰京すると云う。日野までは一里強である。山の下で二人は手を分った。

徳富蘆花『みみずのたはこと』(1)

立川駅を超えた中央線は、それまでの直線的ルートから南西方向にカーブを切り、多摩川橋梁を渡り対岸の日野市に入ってゆきます。日野は江戸時代に甲州街道の五番目の宿場町として発展してきました。甲州街道の宿場として道中奉行の支配を受ける時は「日野宿」と呼ばれ、農村として代官の支配を受ける時は「日野本郷」と呼ばれてきました(2)。日野宿は一八九三年に東京府に編入して日野町に改称し、一九〇一年に旧豊田村等を含む桑田村を合併、そして戦後の一九五八年に浅川南側の七生村を合併して現在の市域を形成しました（市制施行は一九六三年）。地形的には中央線北側の台地部と多摩川・浅川沿いの低地部、そして浅川南側の多摩丘陵部と起伏に富んだ地形をしており、その変化に富んだ景観が都人から愛されてきた土地でもあります。冒頭の徳富蘆花の文章は、明治末期に友人と景勝地百草園を訪れたことを記したものです。当時千歳村（現世田谷区）に居住していた蘆花は徒歩で往復していますが、同行した友人は帰路には日野駅を経由して帰ったことがわかります。当時京王電気軌道（現京王電鉄）は開業しておらず、日野への交通手段は甲武鉄道のみでした。

一八八九年、甲武鉄道が立川以西の八王子まで延長され日野市域を通過するようになりました。最初に発生した問題は路線用地買収の問題です。豊田村では字大久保（黒川より北側）については一反当たり一〇〇円で、字上黒川田においては一反当たり一三五円、山林部は七〇円で買収が行われたという史料が残されています[3]。

日野・豊田駅の開設

次に問題となったのは駅の設置問題です。これは宿場町である日野にとっては複雑な問題であったようです。鉄道の敷設は宿場への訪問客の減少をもたらすことが懸念されましたが、とはいえ鉄道敷設が決まった以上、停車場を置かれなければ東西の立川、八王子にますます旅客、貨物を奪われる一方となるため日野町と桑田村はそれぞれに駅誘致運動を展開しました。日野宿では土淵英を中心とする有志により停車場設置運動が進められましたが、駅用地の寄付のため、耕地六反金五〇〇円を寄付する申し出がなされており[4]、また実際に有志四六名により六二三円の寄付金を集めたことを示す史料が残されています[5]。また一時は日野宿と桑田村豊田との境界付近に駅が設置されるとの観測が流れ、日野宿側が両村双方への停車場設置を要請する一幕もあり、競争が過熱した結果、日野宿では寄付額を金一二〇〇円、土地二町歩まで増加させる姿勢を示しました。こうした運動も効果を奏したのか、一八九〇年一月六日にまず日野停車場の開業を実現することができました[6]。開業当日は煙火二〇〇本あまりが打ち上げられ、宝泉寺において一五〇名の来賓を招いて祝宴が開かれたそうです[7]。

当時日野には日野宿在住の土淵英（この人物は日野駅設置運動の中心人物でもありました）らが一八八七年に創業したばかりの日野煉瓦工場があり、立川から日野へと渡る多摩川鉄橋の橋脚をはじめ、立川―八王子間の鉄道建設工事の建材として、多数の「日野煉瓦」が用いられました[8]。同工場は土渕英の急逝によりわずか一年で廃業を余儀なくされましたが、約五〇万個の煉瓦を製造し、甲武鉄道建設に貢献したと言われています[9]。

日野宿の駅開業をみた桑田村大字豊田でも駅設置への要望が高まりました。豊田では一九〇〇年一月、停車場新設費用について大字の共有地全てを売却して一五〇〇円の寄付金を調達し、不足分は大字内住民で分割して調達すること、共有地内の小作人開墾地の小作料を一定年（五～一〇年）間据え置くこと、停車場設置場所については甲武鉄道に一任すること、また浅川からの引水は自由であること等を決議したうえで、甲武鉄道に対して停車場設置要請を行いました[10]。こうした地元の運動が実り、一九〇〇年八月に甲武鉄道は逓信省に豊田への新駅設置を報告し、翌一九〇一年に豊田停車場が開業しました。新駅設置費用約九六〇〇円のうち、約七七〇〇円は沿道有志からの寄付によって賄われたのでした[11]。

避暑観光地としての日野

大正時代に入ると、交通機関の発達にともない、庶民の間でも余暇を利用した観光や行楽が盛んになっていきました。一九〇一年には浅川駅（現高尾駅）が開業したほか、一九一六年には八王子駅前から高尾山まで、一九二六年には立川駅から高幡まで乗合自動車が開通し、また同年一二月には府中と東八王子間の玉南電気鉄道を京王電軌軌道が合併するなど、東京府民による高尾山や高幡不動尊への観光・行楽が急速に普及していきました[12]。高尾山については後述しますが、日野市域の行楽地として百草園や高幡不動への行楽客は、玉南電気鉄道（現京王電鉄の一部）の開業以前は、日野駅が最寄駅である時代が続きました。百草園は横浜の生糸商人である青木角蔵が当時荒れ果てていた松連寺跡を買い取り、手入れをして一八八七年に開園した庭園です。多摩丘陵の高台から多摩川の流れと武蔵野の風景を一望に眺めることのできる名勝として北村透谷や若山牧水らの文人を魅了する場所として知られてゆくことになりました[13]。

高幡不動（金剛寺）は大宝年間の開基と伝えられる真言宗の古刹であり、古来地元住民の信仰を集めてきましたが、一八九〇年の日野駅の開業によって、関東三大不動尊として都人の参詣客が増えていきました。一九一四年に発表された『武州高幡山案内唱歌』では「武州高幡山なるは南多摩の七生村　いざ導かん此道へ　新宿停車場前にある　福寿亭にても の問えば　三十三銭の汽車の代　走り行程一時間半　朝日輝く日野の宿　はや停車場に附けければ（以下略）」と新宿―日野を経由した案内を歌にしています[14]。その後一九二五年に玉南電気鉄道が開業して高幡駅が開設されましたが、開業後も都心からこれらの景勝地を求めて日野を訪れる行楽客は増えてゆきました。

中央線電化の影響

甲武鉄道は単線の蒸気機関車で出発した鉄道会社でしたが、徐々に電化と複線化が進められ、一九三〇年には浅川駅（現高尾駅）までの電化が完了し、立川以西の複線化工事も一九三五年から始まりました。蒸気機関車で開業した当時は一日四往復の運行でしたが、電車化により便数を大幅に増やすことができるようになったのです。電化・複線化工事に伴い、日野市域では日野、豊田両駅の移転改修が進められ、両駅には改修が施され、特に日野駅は従来の位置から三〇〇ｍほど北側に位置を移し、民芸調の入母屋造りの駅舎が新設されました[15]。これらの工事完成の祝賀会が一九三七年、八坂神社で行われました。祝賀会では八坂神社境内に大天幕が張られ、数百名の地元や各界の名士が参列したほか、当日は花火が打ち上げられ、各戸に特製の手ぬぐいが配布されるなど、町を挙げて電化を祝ったのでした[16]。

日野への工場進出（日野五社）

アジア太平洋戦争期に多摩地域の軍事工場地帯化が進行してきたことについては、これまでも言及してきましたが、日野市においてもそれは例外ではありませんでした。一九三〇年代中期以降、日野市域においても着々と工場が進出してきました。代表的な存在は「日野五社」と呼ばれた五つの工場です。一九三六年東洋時計工場の完成を皮切りに日野重工業日野工場、富士電機豊田工場、神戸製鋼東京研究所（のちの神鋼電機）、小西六写真工業日野分工場が次々と操業を開始し、周辺地域から見習い工を多数募集して雇用を生み出しました。しかしその一方で、純農村に近かった日野地域の急速な工業化は、住宅・飲料水の不足や耕作地の減少、地価の上昇など様々な影響ももたらしたのです[17]。

「日野五社」の工場は戦時中は全て軍事関連物資の生産にあてられており、敗戦後は一九四六年八月にGHQにより日本の基幹産業に対して賠償保証工場指定が行われ、日野重工業等も対象となりました。ただその後対日政策の転換によって復興への協力や民需転換を条件に、段階的に生産中止と賠償保全指定が解除されてゆきました[18]。戦時中に陸軍の軍事車両を製造していた日野重工業は、一九四六年三月に日野産業（一九四八年一二月に日野ヂーゼル工業に再変更）と社名変更し、大型トレーラーやトラック生産を中心とする自動車メーカーとして、戦後の発展を遂げてゆきました（一九五九年六月に日野自動車工業株式会社）[19]。日野自動車が乗用車ではなくトレーラー・トラックを主に生産するようになった背景には、同社が戦時中の燃料不足からガソリンエンジンではなくディーゼルエンジンの開発を進めていたことがあったとされています[20]。

戦時中に航空機部品製造を行っていた富士電機製造豊田工場は、戦後電気七輪等の製造で戦後の急場をしのぎ、四五年一〇月にGHQから民需品製造許可を受けてからは、ポットモーター、電熱器、扇風機などの生活家電の生産を中心に製造し、その後計測制御機器の専門工場となっていきました（一九五九年富士電機株式会社）[21]。小西六写真工業日野工場も軍事写真用機材生産から医療用エックス線フィルム、輸出用カメラ生産へと民需転換を進めることで復活を遂げてゆきました（一九八七年コニカ株式会社、現コニカミノルタホールディングス）[22]。東洋時計は戦後の労働争議のなかで事業を停止しましたが、その後一九五〇年に創業された多摩計器株式会社が東洋時計日野工場を借り受けて腕時計等の生産をはじめ一九五一年にオリエント時計株式会社として事業を継続しています。神戸製鋼東京研究所は一九五四年に閉鎖され、跡地には大坂上中学校と都立日野台高校が設立されました[23]。

多摩平団地の建設

これまで述べましたように、中央線開業後の日野市域の開発は、工場立地が先行して進んできましたが、一九六〇年代に入ると、沿線人口の増加とともに住宅地開発も進められてゆきました。一九五七年には日本住宅公団による大規模団地である多摩平団地（現多摩平の森）の建設がはじまりました。同団地の誘致決定は当時の斉野町長ら日野市側が建設省都市復興課、首都建設委、東京都都市計画課に積極的に働きかけた結果でした[24]。

団地建設の準備段階で区画整理が実施され、住宅公団は豊田地区において四〇万二千坪の区画整理事業を行い、そのうち約二〇万坪を買収し、その一部に二五〇〇戸前後の耐火構造・鉄筋中層住宅を建築し、残りの公団所有地と民有二〇万坪を住宅用地として一般に分譲する計画でした。

用地買収価格は一坪平均一一五〇円で所得税は免税とされています[25]。この方式は地元地権者の所有地を買収するだけではなく、区画整理事業を通じてその地権者の土地の一部を民間住宅地として活用可能にする点に配慮があったと言えます。しかし事業の過程で学校・公園・道路用地等のために三五・八％の用地を無償提供（減歩）する必要があり、地権者側に不満を持つ人も多かったようです。そのため一九五七年四月に実施された地鎮祭では地権者の一部がノボリ旗を立てて公団総裁に反対決議文を提出する一幕もありました。公団はこうした反対運動との交渉を進めつつ、団地の建設を進めることとなります[26]。設計面では建築家の津端修一が充当配置を設計し、賃貸住宅二七九二戸が建設され、「明るく開放的で緑にあふれた団地」をテーマに掲げ、完成にたどり着きました。入居募集時には「富士の見えるニュータウン・四十万坪の緑の街」のキャッチフレーズもあって人気を博し[27]、一九五八年の入居が始まると同時に豊田駅前を中心として商店も増加してゆきました[28]。

こうして戦後の日野市は東京西部における「団地と工場の街」として発展してゆきました。これと並行して市南部の京王線沿線部でも開発が進められ、一九五八年に都立多摩動物公園が開園し、平山住宅地（一九七三年分譲）をはじめとする宅地開発も進められてゆきました[29]。バブル崩壊後の日野は、工場の移転やニュータウンの老朽化など、新たな課題に見舞われていますが、中央線、京王線と都心へのアクセスに恵まれ緑豊かな郊外である立地を活かして、近年国連の提唱するＳＤＧｓ（Sustainable Development Goals：エス・ディー・ジーズ）を主眼に据えた持続可能性のある街づくりを目指しています[30]。

［註］

(1)徳富蘆花『みみずのたはこと』（一九三八年）参照は岩波文庫版六二～六三頁。
(2)小林和男『保存版　ふるさと日野』（郷土出版社、二〇一三年）一五頁。
(3)日野市史編さん委員会『日野市史史料集 近代3 産業・経済編』（一九八二年）三四三頁。
(4)前掲『日野市史史料集 近代3 産業・経済編』三五八頁。
(5)前掲『日野市史史料集 近代3 産業・経済編』三四四～三四五頁。
(6)日野宿「停車場設置之儀ニ付再願」日野市史編さん委員会『日野市史史料集 近代3 産業・経済編』（一九八二年）三六一～三六三頁。
(7)日野市史編さん委員会『日野市史 通史編三 近代（一）』（一九八七年）一九八～一九九頁。
(8)前掲『保存版　ふるさと日野』七八頁。
(9)前掲『保存版　ふるさと日野』一五八頁。
(10)前掲『日野市史史料集 近代3 産業・経済編』三七七～三七八頁。
(11)前掲『日野市史史料集 近代3 産業・経済編』三八〇頁。
(12)前掲『日野市史 通史編三 近代（一）』五七頁。
(13)日野市史編さん委員会『日野市史 別巻 市史余話』（一九九〇年）二三七～二三八頁。
(14)森久保憲治『高幡風土記』（二〇一〇年）一二〇頁。
(15)前掲『日野市史 通史編三 近代（一）』二二八～二二九頁。
(16)前掲『保存版　ふるさと日野』一八頁。
(17)前掲『保存版　ふるさと日野』一九頁。

(18)前掲『保存版　ふるさと日野』六一頁。
(19)前掲『日野市史 通史編三 近代（一）』三三三～三三四頁。
(20)前掲『保存版　ふるさと日野』七九頁。
(21)前掲『日野市史 通史編三 近代（一）』三三四頁。
(22)前掲『保存版　ふるさと日野』二〇頁。
(23)前掲『日野市史 通史編三 近代（一）』三三五頁。
(24)前掲『日野市史 通史編三 近代（一）』三八一頁。
(25)前掲『日野市史 通史編三 近代（一）』三八三頁。
(26)前掲『日野市史 通史編三 近代（一）』三八四～三八五頁。
(27)前掲『保存版　ふるさと日野』八四頁。
(28)前掲『保存版　ふるさと日野』八三頁。
(29)永江雅和『京王沿線の近現代史』（クロスカルチャー出版社、二〇一七年）一四二頁。
(30)日野市 Websie「日野市のＳＤＧｓ（持続可能な開発目標）の達成に向けた取組」http://www.city.hino.lg.jp/shisei/keikaku/senryaku/1012037/index.html

第一四章　「桑都」八王子と高尾山
（八王子駅～高尾駅）

八王子市街（絵葉書）

多摩御陵（絵葉書）

旅は二日道連は二人旅行道具は足二本ときめて十二月七日朝例の翁を本郷に訪ふて小春のうかれありきを促せば風邪の鼻すゝりながら俳道修行に出でん事本望なりとて共に新宿さしてぞ急ぎける。（中略）八王子に下りて二足三足歩めば大道に群衆を集めて聲朗かに呼び立つる獨樂まはしは昔の仙人の面影ゆかしく負ふた子を枯草の上におろして無慈悲に叱りたるわんぱくものは未來の豊太閤にもやあるらん。田舎といへば物事何となくさびて風流の材料も多かるに（中略）高尾山を攀ぢ行けば都人に珍らしき山路の物凄き景色身にしみて面白く下闇にきらつく紅葉萎みて散りかゝりたるが中にまだ半ば青きもたのもし。

正岡子規「高尾紀行」(1)

日野市から多摩川の支流である浅川を鉄橋で超えると、中央線電車の多くが終点となる高尾駅を含む八王子市に入ります。八王子という地名は市街地西方にそびえる城山（深沢山）において八人の王子を従える牛頭天王が信仰されてきており、後年この山に後北条氏が築いた城が八王子城と呼ばれるようになったことに由来するものと伝わっています(2)。現在の八王子駅周辺の市街地は、江戸時代になって徳川家が八王子城を廃城にした後、甲州街道沿いに旧城下町の横山、八日市、八幡等の住民を移住させ、八王子十五宿を形成したことに由来しています。その後八王子は甲州街道をはじめとする武州多摩の交通の要衝として繁栄し、また八王子周辺の土壌・気候は蚕の餌になる桑の生産に適しており、また地下水も豊富で染織にも適した地であることから、江戸時代から「桑都」と呼ばれる絹織物生産地としても栄えてきました(3)。

冒頭で紹介した正岡子規の「高尾紀行」は甲武鉄道開業初期の一八九一年から九二年にかけての時期に友人と新宿から汽車に乗り、八王子を経て高尾山を訪れた経験を紀行文に残しています。一時甲武鉄道の終点となった八王子の繁栄と景勝地高尾山の風景が俳人子規の眼を楽しませたことが文からも伝わってきます。

八王子駅の開業

八王子駅の開業時において、路線は日野で甲州街道と交差し、甲州街道の南側に入り、駅は八王子市街の南東方面から八王子市街の外れにある元子安、現在の八王子市明神町に設置されました。位置は現在のＪＲ八王子駅と京王八王子駅の中間地点に当たります。明治初期の元子安は八幡や横山といった旧市街から東に外れた浅川沿いの集落であり、見渡す限り田圃と畑が広がり、いたるところから浅川の伏流水の泉が湧き出る豊かな田園集落であったと言います[(4)]。同地が駅に選ばれた理由としては、旧市街からやや離れた場所であったことに加え、蒸気機関車の維持に不可欠な水源に恵まれていたことがあったのだろうと考えられます。駅の転車台のあったすぐ北側が深い谷になっており、泉がこんこんと湧いていたという証言が残っていることからも、駅が水源の近くに求められたことを推測させます[(5)]。水に恵まれた条件の良い土地であっただけに駅用地買収は困難を極め、駅の位置も一度は変更されたという話も残っていますが、詳細は明らかでありません[(6)]。貴重な水源に近い用地の提供に対して地元有志に対して甲武鉄道から感謝状と盃が贈られたことが記録されています[7]。

一八八九年八月一一日に開業した八王子駅では盛大な祝賀会が催され、多数の見物人が集まり、祝賀会場の招待客には西洋弁当とビール一本が出されて祝われたといいます[8]。ただ当時の来客はいずれも食べ方がわからず持ち帰り、なかには入っていたビフテキを自宅で煮返して食べたというエピソードも残されています。文明開化時代の一エピソードと言えるかもしれません[9]。開業当時の運賃は新宿―八王子間で下等(二等)三〇銭、所用時間は一時間一四分でした。当時の大工の手間賃が一日二〇銭であったと言いますので、まだまだ民衆にとって汽車は高価な乗り物でした。また当時は安価な乗合馬車も八王子―東京間を運行しており、乗合馬車と汽車の競合もしばらく続いたといいます[10]。

八王子駅の移転

一九〇一年八王子駅は当初の元子安から子安(現旭町)に移転されました。これは甲府方面から延伸されてきた中央東線と甲武鉄道を接続するためであり、その後の国有化を見据えたものであったと思われますが[11]、一八九七年四月に発生した「八王子大火」により旧八王子駅や付近一帯が延焼したことによる復興計画に対応したものでもあったと言います[12]。八王子駅以西の線路は甲武鉄道ではなく官設中央線として建設されたものですが、そのルートについては当時の八王子町長大平安三らから、当初計画よりも路線を南に移すよう請願がなされています。これは八王子市街地が甲州街道から南側に広がっており、新線路によって市街地が分断されることを懸念してのものでした[13]。移転完成した新駅舎は洋風瀟洒な木造瓦葺きの建物であり、八月一日の移転開業日には駅で花火が打ち上げられ神楽が奉納されて賑わったと言います[14]。その後一九〇三年には官設中央線が八王子―甲府間の営業を開始、一九〇八年には横浜鉄道（現ＪＲ横浜線）が八王子―東神奈川間で開業、そして一九三四年には八高線八王子―高崎間が営業開始と八王子は幹線鉄道網の集積により関東地方各地をはじめ、東北地方や東海・近畿からも様々な物資が到着する集散地として発展していきました。駅移転後の一九〇三年六月には、駅敷地内に甲武鉄道の八王子機関庫が設置され機関車五両が配置されましたが、甲武鉄道国有化に伴い官営鉄道八王子機関区に引き継がれます[15]。

子安移転後の八王子駅舎は当初北口に設けられました。北口から甲州街道につながる道路は「停車場通り」と呼ばれ、新たな市街の中心となっていきました。駅が北側に設けられたこと自体は、旧市街が線路の北側を並走する甲州街道筋に広がっていましたから、当時としては妥当な判断であったかもしれません。ただ甲武鉄道開業以来の八王子の発展に伴い、線路南側にも市街地や工場用地が広がるに伴い、これらの地域から南口の開設要求が高まっていきました。一九二九年には子安町住民を中心とした陳情書が八王子市会に提出されたことが確認されています[16]。しかし南口建設への動きは長引き、開設は戦後の一九四七年にまで持ち越されることとなりました。

浅川駅の開業と高尾の賑わい

中央線快速の終点となることの多い高尾駅、現在は八王子市内に属しますが、元々は浅川村（町）にあった駅です。駅名も一九六一年に改称されるまでは浅川駅でした。今日では海外観光客からも注目を集める高尾山ですが、古来より修験道や山岳信仰の修行場として信仰を集めてきた山でした。信仰の対象とされている飯縄権現が天狗の一種とみなされていることから、高尾山は「天狗の山」としても知られるようになりました[17]。同山の薬王院は江戸時代から江戸に出開帳を行うなどして信徒を増やしてきましたが、一八八六年の台風で本堂が損壊したため、甲武鉄道開業にタイミングを合わせ、一八九〇年に居開帳を実施し、好評を博します。当時の甲武鉄道はまだ八王子駅までの開業でしたが、以後薬王院への参拝者は増加を続け、明治期の終わりにかけて山内整備が飛躍的に進むことになりました[18]。

一九〇一年に八王子駅が移転すると同時に、八王子の西方浅川村に浅川駅が開設されました。同駅は戦後一九六七年に京王高尾山口駅が開業するまでは高尾山登山口に最も近い駅であり、同駅には高尾山登山客が押し寄せることとなりました。特に第一次世界大戦期の大戦景気の時期には登山客が増え、八王子駅から浅川駅までの列車を待てずに乗合自動車が両駅間を頻繁に往復するほどでした[19]。その後一九二七年には薬王院山主の武藤範秀氏により、信徒の利便性と浅川村の経済的発展を目的とする高尾索道株式会社（現高尾登山電鉄）が設立され、一九二七年にケーブルカーの営業が開始されました[20]。

多摩御陵の建設と京王との競合

一九二九年に立川までの電化運転が実現していた中央線ですが、当初鉄道省は電車の運転区間は立川までとし、立川以西は電気機関車の牽引区間とする方針であったと言います[21]。つまり八王子は当初電車化の予定がなかったことになります。この状況を変えたのは、大正天皇の崩御でした。大正天皇は東京の青山御所で誕生した天皇であり、墓所である御陵も明治天皇と異なり関東に築かれることとなりました。その結果、横山村・浅川村・元八王子村にまたがる御料地が御陵の場所に決定されました。御陵の最寄駅は浅川駅であり、大正天皇の大喪の礼が行われた一九二七年二月、鉄道省は電車の運転区間を浅川まで延長することに決定したのです[22]。

一九二七年二月に行われた大正天皇の葬儀時には、浅川駅から東約一㎞に皇室専用の仮停車場（東浅川停車場）が建設され、お召し列車の運行等に用いられました（戦後一九六〇年に廃駅）。また御陵の建築に合わせて甲州街道の拡幅が行われました。多摩御陵が完成し、一般参拝が許されるようになると、浅川村一帯は全国からの参拝客で大いに賑わうこととなりました。御陵に通じる各沿道には地元の人々が出店した露店が並び、縁日さながらの風景をかもし出していたと言います[23]。

この多摩御陵参拝を巡り、中央線には強力な競合相手が登場しました。一九二五年三月に府中

―八王子間で開業した玉南電鉄、後の京王電鉄の一部です。玉南電鉄は開業当初から電車運行で営業し、中央線に先行して八王子に電車で乗り入れる鉄道となりました。さらに多摩御陵建設に反応した京王電気軌道は、一九三一年三月に北野駅から多摩御陵前に至る御陵線を開業し、参拝客の誘致をはかったのです。このように多摩御陵の重要性と、参拝客を巡る京王との競合関係のなかで中央線の八王子までの電化が決定されたのでした。一九三〇年一二月に電化が完了した中央線も、京王に負けじと新宿―浅川間に急行を走らせ、運賃を片道六八銭から往復一円に減額するなど、御陵を巡って一時中央線と京王とで激しい誘客競争が繰り広げられたのでした[24]。この京王御陵線は一九四五年一月に運転休止となり一時廃線となりますが、その後路線の一部を活用して京王高尾線が一九六七年に開業しました。今日高尾山への観光客の多くが中央線高尾駅から京王線に乗り換えて高尾山口駅に向かうことが多くなりました。かつては激しく競合した両線ですが、今日では共存の図式となったものと言えるかもしれません。

消えた路面電車と西八王子駅の設置

八王子駅西方に設置された西八王子駅は一九三九年、八王子旧市街西部の千人町に設置されました。駅南側は台町、散田町と言います。千人町は甲斐の武田家臣団から徳川家に恭順した八王子千人同心に由来する町名です[25]。この付近では一九二九年に開業した武蔵中央電気軌道株式会社が路面電車事業を営業しており、一九三二年には八王子駅から高尾橋までの営業していました。

そのためこの間に駅の必要性は低かったものと思われます（路面電車の展開していない中央線南側の散田町などでは新駅設置要求が強かった模様です）。しかしその後京王電気軌道（現京王電鉄）が多摩御陵まで御陵線を延伸した結果、武蔵中央電軌の業績は悪化し、京王電軌に合併された後に一九三九年六月に営業を終了するに至りました。また一九三九年四月一日から八王子―浅川間で複線運転が開始されました[26]。西八王子駅は丁度そのタイミングで設置された駅であり、電化により駅間距離の短縮が可能になったことと、路面電車廃止による市内交通利便性悪化を補うために設置された駅という性格があったようです[27]。西八王子駅舎には多摩御陵建設時の建物のひとつが移築転用されたとの話が伝えられていますが[28]、戦後一九七八年に南北自由通路を持つ橋上駅に改築され、南口広場やバスターミナルが整備されました[29]。

戦後の八王子

戦後の八王子は一九四六年の戦災復興区画整理事業によって、新しい町づくりを進めながらの復興を開始しました。一九四九年には八王子駅南口が開設され、北口広場の整備、東西放射線道路など駅周辺の市街地の整備が進められてゆきました[30]。八王子駅も一九五二年に新築されましたが、その際、位置を一五〇ｍほど東に移設して開業されています[31]。一九五四年には町村合併により横山、元八王子、恩方、川口、加住、由井の周辺六村を合併し、一九五九年には浅川町を、一九六四年には由木村を合併し、多摩地域最大の都市へと成長してゆきました。

駅ビルについては、立川駅と並んで民衆駅構想が一九六〇年代に浮上します。八王子市内部の議論を経て、一九七九年四月に国鉄常務会で八王子駅改造計画を立川駅とともに正式決定し、キーテナントとして松坂屋（後に辞退）とそごうが選出されました。ただその後地元商店街から、駅ビルの売場面積が過大になることが既存の小売店の生活権の侵害になるという要望も提出され、売場面積やテナントの内容を巡って交渉が続きました。また駅ビル内に商業施設だけではなく、文化教養施設、市民サービス施設といった地域コミュニティセンターとしての機能を期待する請願が見られたこともこの時期の駅ビル建設を巡る議論の特徴と言えるかもしれません。最終的に売場面積は当初計画より縮小された二万五千㎡で合意され、一九八三年一一月公募により「ナウ」と名付けられた国鉄八王子駅ビル（現セレオ八王子）が開館しました[32]。

駅前の開発が進められる一方で、戦後一時期は復興の盛り上がりを見せた八王子の繊維産業は、高度経済成長期における化学繊維の普及によって大きなダメージを受けてしまいました。また駅ビルのキーテナントであったそごうも、二〇一二年に撤退して今日に至っています。かつて「桑都」と呼ばれた機業の町八王子ですが、今日八王子の経済の中心となっているのは中央大学をはじめ帝京大、東京薬科大、多摩美術大、拓殖大、東京造形大、国学院大、創価大、工学院大杏林大、共立女子、戸板女子、東京純心女子、首都大等の教育機関であるといえるでしょう[33]。市内に立地する多数の大学の交流拠点として、市は一九九七年に八王子駅北口に入王子学園都市センターを開設し、大学間の交流拠点を目指しています[34]。かつての「桑都」の将来は「大学都市」

や高尾の観光といったソフトパワーの発展にかかっているのかもしれません。

［註］

⑴正岡子規「高尾紀行」。初出は『日本』一八九二年十二月号、参照は『青空文庫』https://www.aozora.gr.jp/cards/000305/files/4646_10325.html

⑵八王子市ウェブサイト「八王子市名前の由来」https://www.city.hachioji.tokyo.jp/kankobunka/003/002/p005301.html

⑶清水正之編『八王子 明神町わが町』（一九八〇年）一九頁。

⑷前掲『八王子 明神町わが町』二〇～二二頁。

⑸前掲『八王子 明神町わが町』八〇頁。

⑹町会誌編集委員会編『明神町いま昔 明神町三丁目町会町会誌』（明神町三丁目町会、一九九八年）一八頁。

⑺八王子市市史編集委員会『新八王子市史 資料編6 近現代2』（八王子市、二〇一四年）二五四頁。

⑻村上直・沼謙吉『わが町の歴史・八王子』（文一総合出版、一九七九年）一九二頁。

⑼佐藤孝太郎『八王子物語 下』（武蔵野郷土史刊行会、一九七九年）七四一頁。

⑽前掲『八王子 明神町わが町』八二頁。

⑾清水正之編『八王子 長沼町・北野町わが街』（一九八七年）三三頁。

⑿前掲『八王子 明神町わが町』二二頁。

⒀八王子市市史編集委員会『新八王子市史 通史編5 近現代（上）』（八王子市、二〇一六年）二八七頁。

⒁前掲『八王子 明神町わが町』八四頁。

⒂八王子市史編纂委員会『八王子市史 上巻』（八王子市役所、一九六三年）八六三頁。

⒃八王子市市史編集委員会『新八王子市史 資料編5 近現代1』（八王子市、二〇一二年）四六一頁。

(17)八王子市郷土資料館編『武州高尾山をめぐる庶民の信仰』(八王子市教育委員会、二〇〇三年)四頁。
(18)外山徹『武州高尾山の歴史と信仰』(同成社、二〇一一年)一九九〜二〇一頁。
(19)八王子市郷土資料館編『昭和はじめの浅川町』(八王子市教育委員会、一九八九年)
(20)前掲『武州高尾山をめぐる庶民の信仰』二〇頁。
(21)前掲『新八王子市史　通史編5　近現代(上)』六七一頁。
(22)前掲『新八王子市史　通史編5　近現代(上)』六七二頁。
(23)八王子市立散田小学校ＰＴＡ『地域史　散田とその周辺』(散田小学校記念誌出版会、一九八五年)六七頁。
(24)前掲『中散田の歴史』二六頁。
(25)八王子市ウェブサイト「八王子千人同心の歴史」https://www.city.hachioji.tokyo.jp/kankobunka/003/002/p005303.html
(26)前掲『中散田の歴史』二六頁。
(27)追分町会『追分町のあゆみ』(一九八八年)三八〜三九頁。
(28)八王子市教育委員会編『ふるさとを語る―明治・大正・昭和の千人町』(八王子市教育委員会、一九八一年)三二頁。
(29)前掲『新八王子市史　通史編5　近現代(上)』六五二頁。
(30)古谷博『八王子の近代史』(かたくら書店、一九八五年)一〇二頁。
(31)前掲『明神町いま昔　明神町三丁目町会町会誌』二〇頁。
(32)前掲『新八王子市史　通史編5　近現代(上)』六六八〜六七三頁。
(33)前掲『八王子の近代史』一〇五頁。
(34)樋口豊治『市民のための八王子の歴史』(有峰書店新社、一九九八年)二八二頁。

あとがき

本書は筆者にとって『小田急沿線の近現代史』、『京王沿線の近現代史』に続く三冊目の「沿線史」です。これまで筆者が研究してきた小田急、京王と、中央線（甲武鉄道）を比較した時に、もっとも目立った違いは、「蒸気機関車による出発」でした。「電車」で出発した小田急、京王に対して、蒸気機関車で出発した中央線は、当初駅間距離が長く、また機関車整備に当時貴重な用水を割く必要もあったことから、駅誘致を巡る葛藤が大きなものとなりました。また駅舎が南北どちらに設置されるかによって、沿線の発展度合いに大きく差がついてくるという点も機関車時代の中央線の特徴であるかと思います。一方で共通点として指摘されるのは、電車と関東大震災が乗客数増加と沿線発展をもたらしたという点です。中央線は、「連雀」や「吉祥寺」という地名が沿線の東西に存在することからもわかるように、江戸時代以来の新田開発地域として江戸との関わりが密接であった多摩地域（特に北多摩郡）を実質的に「東京」の一部として組み込む役割を果たしたインフラであったと言えるでしょう。

もう一点述べるとすれば、中央線と軍事の関わりです。近代日本の鉄道事業はもとより軍事との密接な関連のなかで発展してきたわけですが、中央線は東京と名古屋を内陸で結ぶ軍事的価値の高い路線として構想されたことに加え、市街線は東京砲兵工廠や青山練兵場とのアクセスを意識してルートが選定されています。さらに昭和期には沿線に中島飛行機、立川飛行場といった軍事施設が集積しました。これらの施設の一部は民需転換して沿岸地域とは異なる内陸部の工業集積として今日に引き継がれているほか、一部は大学等の教育機関の敷地に引き継がれ、中央線を「上京した学生の住む沿線」としてのイメージに作り変えて行きました。

沿線の開発についてみれば、官鉄・国鉄時代が長かっただけに、他の私鉄のような沿線開発は行われておらず、商業施設としての駅ビル開発に限定されていました。駅前再開発は高架化事業を除けば東京都や沿線自治体の都市計画によって行われて来たと言えます。ただ今後民営化したJR東日本がこうした沿線開発事業への進出を進めてゆくのかどうかは注目されるところです。個人的にはかつて沿線住民が多大な犠牲を払って提供した鉄道用地を、排他的に活用する不動産事業を展開することなく、沿線住民に開かれた沿線開発事業に進出してくれることを期待しています。

本書は新しい一次史料を発掘したものではなく、沿線の先行研究、自治体史、郷土史をできるだけ広く読み込んで取りまとめることを意識したものです。参考文献に関しましては可能な限り脚注を付けましたが、沿線の歴史について膨大な蓄積を残されている先人の方々に深い敬意を表するものであります。調査過程では、勤務先の専修大学図書館のほか、国立国会図書館、千代田区立千代田図書館、文京区立湯島図書館、新宿区立中央図書館、中野区立中央図書館、杉並区立中央図書館、武蔵野市立中央図書館、三鷹市立三鷹図書館、小金井市立図書館、国分寺市立恋ヶ窪図書館、くにたち中央図書館、立川市中央図書館、日野市立中央図書館、八王子市中央図書館の各施設からご協力を賜りました。深く感謝申し上げます。

また本書では各章の冒頭にその地域に縁のある文学作品の一節を紹介する形を取りました。中央線沿線には多くの文学者が居住してきたことは広く知られている所であり、なかでも井伏鱒二の『荻窪風土記』など沿線史を理解する上で不可欠の文献もあることから、可能な限り全ての章において縁ある作品を紹介することに努めました。文学作品中に登場する地名や歴史的事実についての史料批判の問題はあるかと考えましたが、他の史料と矛盾しない範囲において紹介させて頂いた次第です。各作品は実際に文献に当たって執筆しましたが、探索につきましては電子図書館である「青空文庫」を活用させて頂いたことを記して謝意を表します。

また本書執筆期間中に大岡聡、岸田真、小堀聡、佐藤正広、恒木健太郎、牧野邦昭、谷ヶ城秀吉、鷲崎俊太郎（五十音順）の各先生から貴重な助言を頂けたことにも深く感謝申し上げます。特に執筆の過程で大学院時代に指導を受けた佐藤正広先生の諸論稿に触れることとなり、これまでの不勉強を恥じ入ると共に、改めて指導を受けているような気持ちになりました。最後に大幅に遅れた本書の執筆を辛抱強く待ってくださったクロスカルチャー出版の川角功成氏にもお詫びの気持ちとともに深く感謝申し上げます。

二〇二〇年八月二日
永江雅和

●関連年表

一八八九（明治二二）年　三月　甲武鉄道株式会社発足。
一八八九年（明治二二）年　四月　新宿―立川間で甲武鉄道開業。中野駅、境駅（武蔵境駅）、国分寺駅、立川駅開業。
一八八九年（明治二二）年　八月　新宿―八王子間で甲武鉄道開業（以後甲武線）。
一八九〇年　一月　日野駅開業。
一八九一年（明治二四）年　一二月　荻窪駅開業。
一八九四年　一〇月　新宿―牛込間の市街線開業。牛込駅、四ツ谷駅、信濃町駅開業。
一八九五年　三月　市ヶ谷駅開業。
一八九五年　四月　牛込―飯田町間の営業開始（飯田町駅開業）。
一八九五年　五月　大久保駅開業。
一八九五年　一二月　飯田町―新宿間を複線化。
一八九九年　一二月　吉祥寺駅開業。
一九〇一年　二月　豊田駅開業。
一九〇一年　八月　浅川駅（高尾駅）開業。
一九〇三年　八王子―甲府間に中央東線を完成
一九〇四年　八月　飯田町―中野間で電車の運転開始。千駄ヶ谷駅開業。
一九〇四年　一二月　御茶ノ水―飯田町間電車延伸開業。御茶ノ水駅開業。
一九〇六年六月　柏木駅（東中野駅）開業。
一九〇六年九月　新宿―中野間複線化完了。代々木駅、水道橋駅開業。
一九〇六（明治三九）年一〇月　甲武鉄道国有化。
一九〇八年四月　昌平橋駅開業。
一九〇八年一二月　内閣鉄道院設置（以後院線）。吉祥寺―国分寺間複線化。
一九一〇年三月　中野―吉祥寺間複線化完了。
一九一二年四月　万世橋駅開業、昌平橋駅廃止。
一九一九年一月（大正八）　中野―吉祥寺間電車運転開始。
一九一九年三月（大正八）　万世橋駅―東京駅間開業、神田駅開業。
一九二〇年五月　鉄道省設立（以後省線）。
一九二二年七月（大正一一）高円寺駅、阿佐ヶ谷駅、西荻窪駅開業。

一九二二年一一月（大正一一）吉祥寺―国分寺間電車運転開始。
一九二六年一月　武蔵小金井駅開業。
一九二六年四月　国立駅開業。
一九二八年五月　新宿―中野間複々線化。
一九二八年一〇月　国分寺―国立間複線化。
一九二八年一一月　飯田橋駅開業。牛込駅廃止。
一九二九年三月　国立―立川間複線化。飯田町―新宿間複々線化。
一九二九年六月　国分寺―立川間電車運転開始。
一九三〇年六月　三鷹駅開業。
一九三〇年一二月　立川―浅川間電車運転開始。
一九三三年七月　長距離旅客列車を新宿駅発着とし、飯田町駅は貨物駅となる。
一九三三年九月　東京―中野間で急行電車運転（朝のラッシュ時のみ）。
一九三七年六月　立川―豊田間複線化。
一九三九年三月　豊田―浅川間複線化。
一九三九年四月　西八王子駅開業。
一九四三年一一月　万世橋駅が休止（実質廃止）。
一九四九年六月　日本国有鉄道発足（以後国鉄）。
一九五九年一一月　急行電車運転時間を昼間に拡大。
一九六一年三月　急行電車を快速電車と改称。
一九六四年九月　東小金井駅開業。
一九六六年七月　中野―荻窪間複々線化。営団地下鉄東西線と相互乗り入れ運転。
一九六七年　七月　特別快速電車運転開始。
一九六九年四月　荻窪―三鷹間複々線化。
一九七三年　四月　西国分寺駅開業。
一九八七年四月　国鉄分割民営化により東日本旅客鉄道が路線を継承（以後ＪＲ）。
二〇一〇年一一月　三鷹―立川間の連続立体交差事業区間が全て立体交差化。

［参考文献］

（第一章）

青木栄一『鉄道忌避伝説の謎　汽車が来た町、来なかった町』（吉川弘文館、二〇〇六年）

今城光英「甲武鉄道会社の成立と展開（下）」（大東文化大学経済学会『経済論集』（三九）一九八五年所収）。

梅村又次「北多摩地方経済の停滞と甲武鉄道」（一橋大学経済研究所編『経済研究』第35巻第2号、一九八四年所収）

老川慶喜『明治地方鉄道史研究』（日本経済評論社、一九八三年）

佐藤正広「明治二〇年代における鉄道網形成の諸要因」（社会経済史学会『社会経済史学』54巻5号、一九八九年所収）

菅原恒覧『甲武鉄道市街線紀要』（甲武鉄道株式会社、一八九六年）野田正穂・原田勝正・青木栄一編『明治期鉄道史資料〈第二集〉地方鉄道史第四巻社史（四）』日本経済評論社、一九八〇年所収）

関島久雄「甲武鉄道二三の疑問点を解く」（成蹊大学政治経済学会 編『政治経済論叢』一〇巻二号、一九六〇年所収）

関島久雄「甲武鉄道（四）」（成蹊大学政治経済学会 編『政治経済論叢』一三巻二号、一九六三年所収）

中川浩一・今城光英・加藤新一・瀬古龍雄『軽便王国雨宮』（丹沢新社、一九七二年）

中村健治『中央線誕生　東京を一直線に貫く鉄道の謎』（交通新聞社、二〇一六年）

日本国有鉄道『日本国有鉄道百年史 第2巻』（交通協力会、一九七〇年）

日本国有鉄道『日本国有鉄道百年史 第6巻』（交通協力会、一九七二年）
野田正穂・原田勝正・青木栄一・老川慶喜編『多摩の鉄道百年』（日本経済評論社、一九九三年）
長谷川孝彦「甲武鉄道成立の前提」（国史学会『国史学』一三九号、一九八九年所収）
原田勝正『汽車から電車へ』（日本経済評論社、一九九五年）

（第二章）

石榑督和「池袋西口民衆駅の計画と建設」（『日本建築学会計画系論文集』第八二巻第七三七号、二〇一七年所収）
イカロス出版『絵解き東京駅ものがたり』（イカロス出版、二〇一二年）
大内田史郎「東京駅丸の内駅舎保存・復原」（『電気設備学会誌』三一（一）三二八号、二〇一一年所収）
田山花袋『東京の三十年』（博文堂、一九一七年）
神立春樹「田山花袋『東京の三十年』における明治の東京」（『岡山大学経済学会雑誌30（3）』一九九九年所収）
島秀雄編『東京駅誕生―お雇い外国人パルツァーの論文発見』（鹿島出版会、一九九〇年）
鈴木理生『千代田区の歴史』（名著出版、一九八八年）
千代田区役所編『千代田区史　中巻』（千代田区、一九六〇年）
東京都千代田区『新編 千代田区史 通史編』（東京都千代田区、一九九八年）
林章『東京駅はこうして誕生した』（株式会社ウェッジ、二〇〇七年）
三菱地所株式会社社史編纂室『丸の内百年の歩み　上巻』（三菱地所株式会社、一九九三年）

（第三章）
朝日新聞社会部『神田川』（未来社、一九八二年）
飯田橋デベロッパーズクラブ『飯田橋むかしむかし』（一九七六年）
伊東孝『東京の橋　水辺の都市景観』（鹿島出版会、一九八六年）
五味碧水『お茶の水物語』（吉井書店、一九六〇年）
戸畑忠政編『文京のあゆみ―その歴史と文化―』（文京区教育委員会、一九九〇年）
戸畑忠政編『ぶんきょうの町名由来』（文京区文京ふるさと歴史館、一九八一年）
豊田薫『東京の地理再発見―だれが街を造ったか〔下〕』（地歴社、一九九四年）
成瀬輝男『鉄の橋百選―近代日本のランドマーク―』（東京堂出版、一九九四年）
文京区役所『文京区史 巻三』（文京区役所、一九六八年）
文京区役所『文京区史 巻五』（文京区役所、一九六九年）
（第四章）
国友温太他『新宿・世界の繁華街』（新宿区観光協会、一九八〇年）
『新・信濃原の郷土史』編纂委員会『新・信濃原の郷土史』（聖教新聞社、一九九五年）
新修新宿区史編集委員会編『新修 新宿区史』（東京都新宿区役所、一九六七年）
新宿区『新宿区史　区成立50周年記念　第2巻』（一九九八年）
新宿区『新宿区史　区成立50周年記念　資料編』（一九九八年）
新宿区役所『新宿区史』（一九五五年）

新宿の歴史を語る会『新宿区の歴史』（名著出版、一九七七年）
武英夫『内藤新宿昭和史』（紀伊国屋書店、一九九八年）
歌舞伎町商店街振興組合編『歌舞伎町の六〇年』（歌舞伎町商店街振興組合、二〇〇九年）
四谷区役所『四谷区史』（四谷区役所、一九三四年）
芳賀善次郎『新宿の今昔』（紀伊国屋書店、一九七〇年）
原卓也編『目で見る新宿区の一〇〇年』（郷土出版社、二〇一五年）
「四谷二丁目」編集委員会編『四谷二丁目』（四谷二丁目町会、二〇〇〇年）

（第五章）

岩淵文人編『鉄道大隊』（一九九八年）
記念誌編集委員会編『サンモールの歩み』（中野さんモール商店会、一九八九年）
関利雄・鎌田優『中野区の歴史』（名著出版、一九七九年）
総合工房CAP・坂本一郎『ブロードウェイ　自主管理一〇年のあゆみ』（ブロードウェィ管理組合、一九八四年）
東京都中野区役所編『中野区市下巻二』（東京都中野区役所、一九五四年）
東京都中野区役所編『中野区の新らしい歩み』（東京都中野区役所、一九五一年）
中野区民生活史編集委員会編『中野区民生活史　第一巻』（中野区、一九八二年）
中野区民生活史編集委員会編『中野区民生活史　第二巻』（中野区、一九八四年）
中野町教育會編『中野町誌』（中野町教育會、一九三三年）

吉田熈生『評伝中原中也』（東京書籍、一九七八年）参照は講談社文芸文庫版二九三頁年譜。

（第六章）

井伏鱒二『荻窪風土記』（新潮社、一九八二年）参照は一九八七年新潮文庫版。

記念誌編集委員会編『新天沼・杉五物がたり』（杉並第五小学校創立七十周年記念事業実行委員会、一九九六年）。

田中士郎「土地区画整理事業の功罪」（杉並郷土史会『杉並郷土史会々報　第一〇二号』一九九〇年所収）。

寺下浩二『杉並・まちの形成史』（一九九二年）。

東京都杉並区役所『新修 杉並区史（中巻）』（一九八二年）。

東京都杉並区役所『新修 杉並区史（下巻）』（一九八二年）。

東京都杉並区役所『杉並区史』（一九五五年）。

中村安孝『杉並区の歴史』（名著出版会、一九七八年）。

西荻窪商店会連合会『西荻観光手帖』（二〇一四年）。

松葉襄「荻窪駅開設満百年 荻窪駅が生まれた頃の話」（杉並郷土史会『杉並郷土史会々報　第一一六号』一九九二年所収）。

桃井第二小・桃友会広報部編『おぎくぼ　いまむかし』（一九七八年）。

森泰樹「井荻町の区画整理と町営水道」（杉並郷土史会『杉並郷土史会々報　第五七号』一九八三年所収）。

森泰樹『杉並区史探訪』（杉並郷土史会、一九七四年）。

森泰樹『杉並風土記 上巻』（杉並郷土史会、一九七七年）。

森泰樹『杉並風土記 中巻』（杉並郷土史会、一九八七年）。

（第七章）

麻生泰子編『武蔵野界隈むかし語り』（財団法人武蔵野市開発公社、二〇〇九年）
井上孝『子ども武蔵野市史』（武蔵野市教育委員会教育部図書館、二〇一〇年）
植手道有『武蔵野市百年史　前史』（あっぷる出版社、二〇一六年）
斉藤徹『吉祥寺が「いま一番住みたい街」になった理由』（ぶんしん出版、二〇一三年）
成蹊大学政治経済学会『武蔵野市（中）』（武蔵野市、一九五四年）
高橋泰隆『中島飛行機の研究』（日本経済評論社、一九八八年）
武蔵野市編『武蔵野市百年史　記述編Ⅰ』（武蔵野市、二〇〇一年）
武蔵野市編『武蔵野市百年史　記述編Ⅱ』（武蔵野市、二〇〇二年）
武蔵野市編『武蔵野市百年史　記述編Ⅲ』（武蔵野市、一九九八年）
武蔵野市編『武蔵野市百年史　記述編Ⅳ』（武蔵野市、二〇〇〇年）
武蔵野市史編纂委員会編『武蔵野市史』（武蔵野市役所、一九七〇年）
武蔵野市史編纂委員会編『武蔵野市史　資料編』（武蔵野市役所、一九六五年）
武蔵野市公立学校教育研究会社会科研究部編『私たちの武蔵野』（武蔵野市公立学校教育研究会、一九五六年）

（第八章）

三鷹市史編さん委員会編『三鷹市史』（三鷹市、一九七〇年）

三鷹市史編纂委員会編『三鷹市史通史編』（三鷹市、二〇〇一年）
三鷹市史編纂委員会編『三鷹市史補・資料編』（三鷹市、二〇〇〇年）
宍戸幸七『三鷹の歴史』（ハタヤ書店、二〇〇六年）
榛沢茂量『天文台の大沢移転』（二〇〇一年）
三鷹駅前60年史編集委員会編『三鷹駅前六〇年史』（三鷹駅前銀座商店会、一九八九年）
森英樹『連雀多摩の曙』（ぶんしん出版、一九八七年）

（第九章）

植松猛「小金井公園のなりたち」（小金井史談会『黄金井』二〇〇九年所収）
小金井市教育委員会編『小金井市の歴史散歩（改訂版）』（小金井市教育委員会、二〇一四年）
小金井市誌編さん委員会編『小金井市誌Ⅱ　歴史編』（小金井市役所、一九七〇年）
小金井市誌編さん委員会編『小金井市誌Ⅳ　今昔ばなし編』（小金井市、一九八八年）
小金井市誌編さん委員会編『小金井この百年・町村制施行100年記念誌』（小金井市教育委員会、一九九〇年）
小金井市史編さん委員会編『小金井市史　資料編　小金井桜』（小金井市、二〇〇九年）
小金井市史編さん委員会編『小金井市史　資料編　近代』（小金井市、二〇一四年）
小金井市史編さん委員会編『小金井市史　資料編　現代』（小金井市、二〇一六年）
事業誌作成実行委員会『中央線三鷹～立川間連続立体交差事業事業誌』（二〇一二年）
高橋林蔵『ふるさと小金井の八十年』（一九八五年）

芳須緑『続小金井風土記』（小金井新聞社、一九八六年）
芳須緑『小金井風土記　余聞』㈱小金井新聞社、一九九六年）
星野進一『小金井百一話』（小金井新聞社、一九八〇年）

（第一〇章）

岩崎文子『国分寺のむかしばなし』（トキア企画株式会社、二〇一七年）
椎名誠『さらば国分寺書店のオババ』（情報センター出版局、一九七九年）
創立三〇周年記念誌出版委員会『国分寺の歴史と自然』（東京国分寺ロータリークラブ、一九九六年）
国分寺市企画財政部広報広聴課広聴係『時は流れて』（一九九七年）
国分寺市教育委員会『国分寺市の歴史』
国分寺市教育委員会『国分寺のうつりかわり』（国分寺市教育委員会、一九七九年）
国分寺市教育委員会教育部ふるさと文化財課編『国分寺の今昔』（国分寺市・国分寺市教育委員会）
国分寺市教育委員会文化財課『国分寺むかしむかし』（国分寺市公民館、一九八三年）
国分寺市教育委員会編『郷土こくぶんじ―国分寺市の歴史―』（国分寺市、一九七九年）
国分寺市史編さん委員会編『国分寺市史　下巻』（国分寺市、一九九一年）
国分寺市史編さん委員会編『ふるさと国分寺のあゆみ』（国分寺市教育委員会、一九九三年）
国分寺市商店会連合会『みにこみ国分寺』

（第一一章）

五十嵐敬喜・上原公子編『国立景観訴訟』（公人の友社、二〇一二年）

大西健夫・堤清二『国立の小学校』（校倉書房、二〇〇七年）
長内敏之『国立大学町の誕生―後藤新平・佐野善作・堤康次郎との関わりから―』（けやき出版、二〇一三年）
くにたち郷土文化館『学園都市開発と幻の鉄道』㈱くにたち文化・スポーツ振興財団、二〇一〇年）
くにたち郷土文化館『学園都市くにたち―誕生のころ』（くにたち郷土文化館、一九九八年）
くにたち郷土文化館『くにたち あの日、あの頃』㈶くにたち文化・スポーツ振興財団、二〇一七年）
くにたち郷土文化館『まちづくり奮戦記』（くにたち郷土文化館、二〇〇〇年）
国立町史編纂会『谷保から国立へ』一九六二年
国立市史編さん委員会編『国立市史下巻』一九九〇年
国立市都市整備部国立駅周辺整備課「旧国立駅舎活用方針報告書」二〇一七年
『くにたちの歴史』編さん専門委員会編『くにたちの歴史』（国立市、一九九五年）
原田重久『国立風土記』（逃水亭書店、一九六七年）
原田重久『国立歳時記』（逃水亭書店、一九六九年）

（第一二章）
小野一成「甲武鉄道と立川」（立川市史編纂委員会『立川市史研究第二冊』、一九六五年所収）
砂川町『砂川の歴史』（砂川町、一九六三年）
関治雄「立川飛行場と立川」（立川市史編纂委員会『立川市史研究第十冊』、一九六九年所収）
立川治雄『しばさきあちこち』（けやき出版、二〇〇一年）

立川市ほか『立川駅百年』（けやき出版、一九八九年）
立川市教育委員会『立川のあゆみ』（立川市教育委員会、一九七七年）
立川市教育委員会『立川の昭和史　第一集』（立川市教育委員会、一九九六年）
立川市教育委員会『立川の昭和史　第二集』（立川市教育委員会、一九九九年）
立川市史編纂委員会『立川市史　下巻』（立川市、一九六九年）
中野隆右『立川—民間が拓いた戦後—』（ビオ・マガジン、二〇一一年）
三田鶴吉『立川飛行場史』（一九七六年）
三田鶴吉『立川飛行場物語』（西武新聞社、一九八三年）
宮岡政雄『砂川闘争の記録』（三一書房、一九七〇年）
森信保『立川の歴史と史跡探訪』（立川市シルバー大学講座資料、二〇一五年）
山本宗録「軍都としての立川の発展」（立川市史編纂委員会『立川市史研究第十冊』、一九六九年所収）
（第一三章）
朝日新聞東京総局『中央線の詩（うた）上』（出窓社、二〇〇五年）
小林和男『保存版　ふるさと日野』（郷土出版社、二〇一三年）
永江雅和『京王沿線の近現代史』（クロスカルチャー出版社、二〇一七年）
日野市史編さん委員会『日野市史史料集 近代3 産業・経済編』（一九八二年）
日野市史編さん委員会『日野市史 通史編三 近代（一）』（一九八七年）
日野市史編さん委員会『日野市史 通史編四 近代（二） 現代』（一九九八年）

日野市史編さん委員会『日野市史 別巻 市史余話』（一九九〇年）
日野の昭和史を綴る会編『聞き書き・日野の昭和史を綴る』（日野市中央公民館、一九九四年）
森久保憲治『高幡風土記』（二〇一〇年）

（第一四章）

追分町会『追分町のあゆみ』（一九八八年）
佐藤孝太郎『八王子物語　下』（武蔵野郷土史刊行会、一九七九年）
清水正之編『八王子 長沼町・北野町わが街』（一九八七年）
清水正之『八王子の電車とバス』（揺籃社、二〇一七年）
清水正之『八王子のりもの百年史』（地球書館、一九八九年）
清水正之編『八王子 明神町わが町』（一九八〇年）
多摩の交通と都市形成研究会『多摩　鉄道とまちづくりのあゆみⅡ』（古今書院、一九九五年）
町会誌編集委員会編『明神町いま昔　明神町三丁目町会町会誌』（明神町三丁目町会、一九九八年）
外山徹「高尾山進行の歴史」（『多摩のあゆみ９９号』二〇〇〇年所収）
外山徹『武州高尾山の歴史と信仰』（同成社、二〇一一年）
「中散田の歴史」編さん委員会編『中散田の歴史』（八王子市中散田町会、二〇〇五年）
八王子市教育委員会編『ふるさとを語る—明治・大正・昭和の千人町』（八王子市教育委員会、一九八一年）
八王子市郷土資料館編『昭和はじめの浅川町』（八王子市教育委員会、一九八九年）
八王子市郷土資料館『八王子と鉄道』（八王子市教育委員会、二〇一二年）

八王子市郷土資料館編『武州高尾山をめぐる庶民の信仰』（八王子市教育委員会、二〇〇三年）
八王子市史編纂委員会『八王子市史　上巻』（八王子市役所、一九六三年）
八王子市市史編集委員会『新八王子市史　資料編5　近現代1』（八王子市、二〇一二年）
八王子市市史編集委員会『新八王子市史　資料編6　近現代2』（八王子市、二〇一四年）
八王子市市史編集委員会『新八王子市史　通史編5　近現代（上）』（八王子市、二〇一六年）
八王子市市史編集委員会『新八王子市史　通史編6　近現代（下）』（八王子市、二〇一七年）
八王子市立散田小学校ＰＴＡ『地域史　散田とその周辺』（散田小学校記念誌出版会、一九八五年）
樋口豊治『市民のための八王子の歴史』（有峰書店新社、一九九八年）
古谷博『八王子の近代史』（かたくら書店、一九八五年）
村上直・沼謙吉『わが町の歴史・八王子』（文一総合出版、一九七九年）

永江　雅和（ながえ　まさかず）

1970年生まれ。専修大学教授。
一橋大学経済学部卒、同大経済学研究科後期
博士課程単位取得退学。博士（経済学）。

論文・編著書

〈著書〉

『食糧供出制度の研究』日本経済評論社、2013年
『小田急沿線の近現代史』クロスカルチャー出版、2016年
『京王沿線の近現代史』クロスカルチャー出版、2017年

〈論文〉

「世田谷区の農地転用と農業委員会1960～1975」
（東京大学社会科学研究所『社會科學研究』58／3・4号）2007年
「向ヶ丘遊園の経営史－電鉄会社付帯事業としての遊園事業－」
（専修大学社会科学研究所『社会科学年報』第42号）2008年
「私鉄会社による路線・駅舎用地買収と地域社会－小田原急行鉄道㈱の事例」
（専修大学経済学会『専修経済学論集』48／2号）2013年
共著「よみうりランドと川崎市戦災復興事業－戦後レジャー会社と地方競馬」
（専修大学社会科学研究所『社会科学年報』48）2014年など。

中央沿線の近現代史　CPCリブレ No.14

2020年10月20日　第1刷発行

著　者　永江雅和
発行者　川角功成
発行所　有限会社　クロスカルチャー出版
〒101-0064　東京都千代田区神田猿楽町2-7-6
電話 03-5577-6707　FAX 03-5577-6708
http://crosscul.com
印刷・製本　中央精版印刷株式会社

ISBN 978-4-908823-73-2 C0021 Printed in Japan